JÉSUS,

Le Grand

Guérisseur

*J*ésus, le *G*rand *G*uérisseur

*E*rnst *S*aint-*L*ouis

Préface du Dr Edner Corbier

Collection
Méditations

Aussi du même auteur

Jesus, the Great Healer

Couverture et Photos : Biblical Perspectives, The Bible for Students and Atlantic Union College (AUC).

The Millennium Collection of Meditations

ISBN : 978-0-9790381-1-2 0-9790381-1-1

The Millennium Collection of Meditations

PO Box 680, Mahopac, NY 10541

E-mail : comeditations@yahoo.com

Imprimé aux Etats-Unis d'Amérique

Livre disponible sur :
www.abebooks.com

Ce livre est dédié au Père, au Fils et au Saint-Esprit.

Au Grand Médecin soit la gloire !

Cet ouvrage est dédié…

à tous ceux qui souffrent sous le joug

de l'ennemi (le diable) qui a tout gâché,

car tout a été créé très bon par notre bien-aimé

Père céleste pour notre bonheur éternel.

Qu'il vous apporte la force, le courage,

la paix, la guérison, et la joie dans cette

vie comme dans la vie à venir…

C'est mon souhait pour vous et pour tout le monde !

À la mémoire de mon

courageux père

et mon héros,

John Saint-Louis

*J*ésus, le Grand Guérisseur

Mes mots de remerciements :

À mon Sauveur et mon Seigneur Jésus, qui m'a inspiré et m'a guidé dans cette œuvre éreintante.

Au Dr Edner Corbier, qui a accepté de préfacer ce livre avec plaisir.

À Monsieur Paul Maurice François, pour son concours et ses critiques.

À Messieurs Assely Etienne, Louis Carl Saint-Jean, et Antonio Auguste, pour leur support et leurs suggestions.

Aux Drs Roland Meyer, Bordes Henry Saturné, André Célestin, Robert Jean-Marie Charles, et Samuele Bacchiocchi, qui m'ont encouragé dès le début de ce travail absorbant.

Au Pasteur Nicodème Myrthil, pour son dévouement et ses suggestions.

À Madame Maryvonne Champion, et Mademoiselle Elizabeth Loiseau, qui m'ont aidé à réviser et à dactylographier une partie de cet ouvrage.

Au Dr Jean Daniel François, un indéfectible ami, et à mes confrères, les Anciens de l'Église Gethsémané, pour leur appui.

À Monsieur Gracia Saint-Louis et Madame, Madame Marie Lourdes Saint-Louis, Madame Marie Florina Saint-Louis Sévère, et Messieurs Antoine, Joseph, Jean-Gabriel Saint-Louis et Madame, pour leur soutien.

À ma famille, ma chère épouse, Jackie, mes merveilleux enfants, Erline, Jessie et Eric-Japhet, pour leur amour et leur patience. Également à mes courageux parents, Anna Lamartinière et John Saint-Louis, qui m'ont appris les bonnes manières et le respect des autres.

Merci beaucoup Maman ! Merci beaucoup Papa !

Finalement, à tous ceux qui ont contribué par leurs travaux de révision,

leurs suggestions ou leurs notes d'encouragement.

Je souhaite que ce livre *Jésus, le Grand Guérisseur* connaisse une large diffusion et aide chaque lecteur, chaque lectrice à connaître Christ, le doux Sauveur et à mieux se préparer à sa seconde venue afin de prendre place parmi les bienheureux qui auront à jouir des fruits de la victoire de Celui qui répond toujours aux besoins de l'humanité. Je prie pour qu'il atteigne cet objectif !

L'Esprit de Dieu nous visite et nous parle dans un monde troublé. Mais la femme et l'homme modernes n'ont pas de temps pour écouter la voix de Dieu. Ils sont trop occupés pour prier et méditer. L'auteur de cet ouvrage vous invite à trouver du temps pour établir ou renouer un contact direct avec Dieu parce que l'heure est à la réflexion, à la méditation, à la prière, et à la louange. On doit se le dire : plus nous passons de temps avec Dieu dans la prière, la méditation et l'étude de sa Parole, plus nous ressemblons à Jésus. Dieu se tourne vers ses enfants qui sont dans le besoin et Il leur répond comme personne d'autre ne peut le faire. Car nul autre n'est semblable à l'Éternel, nul autre ne peut guérir comme le Dieu d'Abraham, d'Isaac et de Jacob. Jésus donne la force et la guérison parce qu'Il est le Grand Médecin Guérisseur !

Méditez, Veillez, Priez…

Méditez… sur votre existence qui n'est pas du tout un hasard et sur tout ce que vous devez à Dieu et à vos prochains. Veillez… sur tout ce que vous dites, sur tout ce que vous faites et sur tout ce que vous écrivez, car un jour vous aurez à rendre compte à un Juge parce que la mort n'est en réalité pas la fin de tout. Le scientifique Greg Graffin dit : « Il y a une seule vie, vivre de façon intelligible, car tout se termine après la mort[1]. » N'y croyez pas, la vie ne se termine pas avec la mort. Priez… pour le pardon de tous vos péchés et votre guérison !

---

[1] Steve, Olson, *Wired magazine*, Novembre 2006, p. 187.

Table des matières

Table des matières (suite)

PRÉFACE

Le monde est malade, et sa maladie intéresse la quintuple dimension de la vie de l'homme. En effet elle attaque les manifestations spirituelles, mentales, physiques, religieuses et sociales. Les trois premières sont mentionnées dans la bénédiction apostolique de Paul en 1 Thessaloniciens 5.23 «... *que votre être tout entier, l'esprit (dimension spirituelle), l'âme (dimension mentale), et le corps (dimension physique)...* »

Elles nous permettent d'exercer les deux dernières en nous mettant en relation avec Dieu que nous devons aimer par-dessus tout (dimension religieuse) et avec nos prochains que nous devons aimer comme nous-mêmes (dimension sociale) d'après Luc 10.27.

Or, livré à lui-même, l'homme souffre d'un mal incurable. Pour l'en guérir, il lui faut un médecin compétent, son substitut. Alors intervient Jésus-Christ, Dieu manifesté en chair, Créateur et Rédempteur de l'homme révolté. Le prophète messianique prédit ainsi cette substitution : « *Ce sont nos souffrances qu'Il a portées, c'est de nos douleurs qu'Il s'est chargé,* » paroles citées en d'autres termes en Matthieu 8.17 « *Il a pris nos infirmités, et Il s'est chargé de nos maladies.* » Ainsi Il est en mesure de soulager et de guérir tout patient qui a recours à sa compétence de Grand Médecin.

C'est ce que s'est efforcé de communiquer l'auteur de ces méditations à tout lecteur qui serait mis en contact avec ce recueil. C'est dans cette perspective qu'il a adressé à la fin de certains chapitres une prière suggérée. Puissent ceux qui veulent être soulagés ou guéris contribuer à l'exaucement de ces prières en y conformant leurs vies par une réponse positive aux invitations lancées dans ces méditations !

Dr Edner CORBIER

Le livre d'Habacuc nous transporte, cher ami lecteur, dans l'une des périodes les plus sombres de l'histoire d'Israel. Il y avait la question de la violence, d'injustice et du mal. Alors, dans sa conversation avec son Seigneur, Habacuc, prophète de l'Éternel, crie : « *Jusques à quand, ô Éternel ?... J'ai crié, Et tu n'écoutes pas ! J'ai crié vers toi à la violence, Et tu ne secours pas ! Pourquoi me fais-tu voir l'iniquité et contemples-tu l'injustice ? Pourquoi l'oppression et la violence sont-elles devant moi ? Il y a des querelles, et la discorde s'élève. Aussi la loi n'a point de vie, la justice n'a point de force ; car le méchant triomphe du juste, et l'on rend des jugements iniques.* » (Habacuc 1.2-4.) N'est-ce pas bien la situation de notre monde actuel ? Et pourtant dans sa réplique au prophète, au lieu de manifester sa compassion et sa miséricorde, Dieu annonce que la situation va s'empirer. Toutefois, au verset 4 du chapitre 2 du livre d'Habacuc, il est réconfortant de noter cette belle promesse : « *Mais, le juste vivra par sa foi.* »

Introduction

En cette période de bouleversement, de confusion, de crise globale, de guerre, de bruits de guerres, d'injustice révoltante, d'inondations, d'actes de terreur, de calamités de toutes sortes et de graves maladies incurables qui exaspèrent même les médecins, nous devons nous questionner : le monde avance-t-il à grands pas vers sa fin ? Tant de maladies complexes tels que : cancer, Alzheimer, schizophrénie, maladie de Parkinson, crise cardiaque, choléra, syndrome immunodéficitaire acquis (SIDA) etc. et autres maladies graves sont la cause de désespoir. Aujourd'hui encore, il n'y pas de traitement sûr pour plusieurs d'entre elles. Partout sur la terre règnent la désolation, la misère, la pauvreté, la violence et le crime. Une grande partie de la population mondiale vit au-dessous du seuil de pauvreté ; les inégalités sociales sont criantes ; le chômage touche sévèrement les pays pauvres, et les pays riches n'en sont pas exempts.

Dans les pays en voie de développement, beaucoup sont frustrés, insatisfaits, et malheureux. Également dans les pays développés, les chefs d'État et les habitants sont anxieux, inquiets, agités, et paniqués par l'ampleur des événements qui se déroulent autour d'eux. Tout récemment en France, des jeunes se sont exprimés violemment et les dirigeants ont été désorientés. Tout esprit lucide doit reconnaître que quelque chose de terrifiant va se passer dans notre monde. Pourquoi tant de maux s'abattent-ils sur notre planète ? Et l'homme est, de ce fait, placé devant un problème sérieux et alarmant. Alors, il doit faire un choix, car son salut en dépend : obéir à Dieu, le Rédempteur, le servir et faire le bien ou obéir à Satan, le diable, le servir et faire le mal. « *Aujourd'hui, Je mets devant toi la vie et le bien, la mort et le mal*[2] », déclare l'Éternel Dieu, notre Créateur. En fait, les choix sont importants et ils ont des conséquences irrémédiables comme le péché a les siennes. Malheureusement, nous faisons souvent de mauvais choix. Oui, notre monde est malade, il lui faut un Grand Médecin de toute urgence. Ne cherchez pas trop loin ce Grand Médecin. Il est dit dans le livre d'Apocalypse 22.2, « *Au milieu de la place de la grande rue de la ville et sur les deux bords du fleuve, un arbre de vie produisant douze récoltes et donnant son fruit chaque mois. Les feuilles de l'arbre sont pour la guérison des nations.* » Tout est à l'envers dans notre monde, mais cela ne doit pas nous surprendre puisque longtemps avant notre ère, comme des averses qui ont précédé les crues, l'évangéliste Luc décrivait déjà les jours de trouble et de confusion comme aujourd'hui qui précéderont le retour en gloire de Jésus, le Seigneur de l'univers et Maître du Ciel et de la Terre : « *Sur la terre, il y aura de l'angoisse chez les nations qui ne sauront que faire, au bruit de la mer et des flots, les hommes rendant l'âme de terreur dans l'attente de ce qui surviendra pour la terre ; car les puissances des cieux seront ébranlées.* » (Luc 21.26.) Lui, le grand Vainqueur, n'est-Il pas « le rayon lumineux qui rassure dans la sombre nuit et le soleil qui éclaire le jour ? » N'avez-vous pas besoin vraiment d'un tel Père miséricordieux et compatissant qui guérit?

Il demeure évident que seul le Créateur a la solution idéale. Il faut Son intervention pour contenir l'immoralité et la folie meurtrière des hommes par le retour en gloire de son Fils Jésus-Christ. Toute considération faite, n'aimeriez-vous pas vivre éternellement avec Jésus dans un royaume de paix, d'amour et de justice, bref, dans l'Eden retrouvé, embelli et restauré ? Au séjour du Dieu d'amour, il n'y aura plus de terreur, plus d'écrasants fardeaux, plus de calamité, plus de tempête, plus de tourment, plus d'injustice, plus de douleur cruelle, plus de maladie, plus de souffrance, plus d'angoisses mortelles, plus de deuil… bref, plus de mal.

Dans une étude solidement documentée, « *An Inconvenient truth* », Al Gore dépeint l'urgence du problème de réchauffement de la planète : « Une vérité qui dérange. En effet, le réchauffement climatique de notre planète est un problème sérieux. Notre indifférence a causé des dommages importants à notre écosystème. Nous en sommes responsables. Il faut une réparation de toute urgence. Une catastrophe épouvantable peut frapper notre planète et

---

[2] Deutéronome 30.15. Selon le contexte, l'auteur utilise des versions bibliques différentes telles que : Nouvelle Version Segond Révisée ; NBS=Nouvelle Bible Segond ; La version Louis Segond.

causer la disparition d'innombrables espèces animales et végétales, et de millions d'êtres humains[3]. »

Pour le secrétaire général de l'ONU, Ban Kimoon, « des mesures décisives doivent être prises rapidement. Il faut agir très vite. » Le « coup de la chaleur » de notre planète : inondations, tempêtes, épidémies, incendies, sécheresse, et tremblements de terre font vraiment peur et chacun de nous se demande ce qui va se passer ! Il est un fait indéniable que le monde a besoin d'un Sauveur de toute urgence. Le compte à rebours a commencé, certes, et le retour de Jésus est aussi certain que le crépuscule du matin. Quelle merveilleuse et magnifique perspective ! L'Éternel, le Dieu qui guérit n'est-Il pas un secours garanti, un rempart contre la souffrance ? Et n'est-ce pas aussi rassurant de savoir que Jésus guérit ses enfants et qu'Il a un plan très précis pour chacun d'eux ? L'horloge marque onze heures trois quarts et le temps s'enfuit. Que de temps déjà perdu ! Vous n'en avez pas assez. N'en perdez pas davantage. « Le temps à ses impératifs, dit Madeleine Vaysse Cuisset : chaque minute de notre temps est chargée de conséquences qui se répercuteront jusque dans l'éternité[4]. » Oui, longtemps déjà, l'apôtre Paul décrivait la condition de notre monde actuel, dans sa seconde lettre à Timothée : « *Sache que, dans les derniers jours, il y aura des temps difficiles. Car les hommes seront égoïstes, amis de l'argent, fanfarons, hautains, blasphémateurs, rebelles à leurs parents, ingrats, irréligieux, insensibles, déloyaux, calomniateurs, intempérants, cruels, ennemis des gens de bien, traîtres, emportés, enflés d'orgueil, aimant le plaisir plus que Dieu, ayant l'apparence de la piété, mais reniant ce qui en fait la force. Éloigne-toi de ces hommes-là.* » (2 Timothée 3.1-5.)

Une vraie description de notre monde malade, n'est-ce pas ? Convaincu par ce signal d'alarme et ce besoin de guérison, alors pourquoi ne pas vous engager à obéir à Jéhovah et à le servir. Car Jésus, seul Souverain et Vengeur de l'injustice, aura le dernier mot. Vous qui êtes malade, vous qui souffrez, vous qui luttez et vous qui êtes éprouvé, gardez l'espoir même si le chemin est sombre, car notre Jésus, le divin Docteur par excellence a reconquis l'héritage perdu ; bientôt vous serez avec Lui pour l'éternité. Dans son livre, « *Les paraboles de notre Seigneur Jésus* », Ellen G. White écrivit :

---

[3] Al Gore and Billy West, *An Inconvenient Truth*, London, Bloomsbury Books, 2006.

[4] Madeleine Vaysse Cuisset, *Mieux se connaître pour mieux vivre*, Mountain View, Éditions le Monde Français, 1976, p.76.

« La vie est trop solennelle pour que nous l'occupions entièrement à des questions d'ordre matériel et terrestre, et dans un souci constant des choses qui ne sont qu'un atome en comparaison des valeurs éternelles[5]. »

Contrairement à la théorie de l'évolution… Dieu n'existe pas, pas de ciel, pas d'enfer, seulement la science… la Bible enseigne que Dieu nous a placés ici-bas et notre existence fait partie de son plan. Non, mon ami, la mort ne doit pas être notre fin. Jésus nous prépare une nouvelle terre où nous demeurerons avec Lui pour l'éternité. Louez l'Éternel qui a créé le firmament et venez goûter combien le Seigneur est bon et doux, car Il donne de la force pour les temps fâcheux et de détresse comme ceux que nous vivons actuellement et ceux qui arriveront demain. Alors, dépêchez-vous de faire la paix avec Jésus et avec vos frères. Je suis convaincu que, quels que soient vos expériences dans le passé, angoisses et déboires, doutes et anxiétés, amertumes et déceptions, si vous acceptez le Seigneur Jésus aujourd'hui comme votre Sauveur personnel, vous serez guéri et vous vivrez. Que ce livre soit l'aurore d'un jour nouveau pour vous ! Choisissez Jésus de Nazareth aujourd'hui, le Médecin Guérisseur par excellence et vous aurez la vie !

---

[5] Madeleine Vaysse Cuisset, *Mieux se connaître pour mieux vivre*, Mountain View, Éditions le Monde Français, 1976, p.75.

Chapitre 1

La souffrance

La souffrance : « État de douleur physique ou morale ; affliction[6]. » C'est se trouver dans un état pénible. La souffrance, c'est quelque chose de personnel, qu'une personne autre que soi ne peut aisément comprendre. Sur notre planète, un grand nombre de personnes souffrent de l'aggravation des conditions de vie, de graves maladies liées à la désobéissance à la loi divine, à la pollution, à l'ignorance, à l'intempérance, à la malnutrition, aux calamités et aux accidents funestes. L'environnement est menacé. Oh ! pourquoi tant de souffrances, tant de misères parmi les enfants de Dieu ? La souffrance et la misère s'étendent à toute la surface du globe et gagnent du terrain à un rythme accéléré de sorte que les fondements mêmes de l'humanité s'en trouvent sérieusement menacés.

Les dirigeants de beaucoup de pays pauvres ne savent que faire pour surmonter la misère et la souffrance extrêmes qui sont le lot quotidien de leurs citoyens. Qui pis est, un grand nombre de pays sont particulièrement touchés par la sécheresse. Beaucoup n'ont pas accès à l'eau potable. Dans plusieurs pays du monde, l'eau, l'un des éléments essentiels à la vie devient un élément rare et introuvable alors que chaque individu a besoin de boire au moins 6 à 8 verres d'eau quotidiennement. La désertification atteint un nombre important de terres arables. Un peu partout dans le monde et particulièrement en Afrique, ce manque d'eau cruel a déjà tué beaucoup de gens et des animaux disparaissent par milliers, selon les rapports de l'organisation des Nations unies. Et des catastrophes naturelles viennent

[6] Frank, Reisdorf-Reece, *Encyclopédie Biblique*, La colline, CLC Éditions, 1974.

s'ajouter à la condition précaire, misérable et révoltante de l'homme. Des tonnes de ruines : inondations, sécheresse, tempêtes, et autres calamités s'accumulent sur notre monde moribond et font vraiment peur. Nous souffrons tous quotidiennement soit physiquement, soit moralement, des effets de la guerre, de la violence urbaine, de l'injustice criante, de la faim, de la pauvreté, de l'incompréhension et de la méchanceté de l'homme envers l'homme.

Où est Dieu quand nous souffrons ?

Où était Dieu le 11 septembre 2001 à 8 h 45 AM quand un avion commercial s'écrasa contre la tour nord du *World Trade Center* à New York ? Et quand un second se heurta contre la tour sud, à 9 h 03 AM ? Ce jour, de sinistre mémoire ! Où était Dieu au milieu de cette horreur inimaginable et vraiment incroyable, voire indescriptible ? Pour ma part, en tant que Résident de New York, j'ai doublement souffert parce qu'il me fut impossible de trouver un avion pour voyager afin d'assister aux funérailles de mon père décédé une semaine auparavant. Et cela m'a causé une peine extrême, une grande affliction qui me touche profondément encore aujourd'hui. Où était Dieu, me demandai-je, en fronçant mes sourcils ? Où était Dieu, se demandèrent beaucoup d'autres ? Si Dieu nous aime tant, pourquoi permet-Il la souffrance ? S'Il dirige l'univers, pourquoi la vie est-elle si impitoyable ? Est-Il indifférent à la souffrance humaine ? Peut-on y voir son amour ? La douleur, la haine, l'angoisse sous toutes leurs formes, les tribulations, les persécutions, la maladie et la mort ne nous font-elles pas tous souffrir cruellement ? Oui, le chagrin nous envahit et nous précipite dans le gouffre au point de nous demander : est-ce que Dieu nous aime vraiment ?

« S'il y avait un Dieu, il empêcherait tout cela… »

Ph. Robert Doisneau-Rapho

Le 18 septembre 2004, Gonaïves, l'une des villes côtières d'Haïti a été dévastée par la tempête Jeanne. Surprises dans leur sommeil, de nombreuses personnes n'ont pu s'échapper. Des milliers de gens sont morts, selon l'organisation *Médecins Sans Frontières* : « Beaucoup de maisons ont été

L'effondrement des tours jumelles (9/2001 / Courtoisie de APNF).

sérieusement endommagées, voire complètement détruites. Il n'y a pas une seule structure de santé encore debout. L'hôpital est inutilisable, tout le matériel médical a été détruit. » Hélas ! Gonaïves, la ville martyre, la fière cité de l'Indépendance d'Haïti semblait frôler le « *sort de l'Atlantide* ». Le 26 décembre 2004, un tsunami frappait les côtes de l'Asie du Sud-Est, un raz de marée provoqué par un séisme en pleine mer s'abattait sur l'Asie, faisant quelque 232 000 victimes et près d'un million de sans-abri. Dieu se révèle-t-Il dans ces moments difficiles ? Oui, il y a un Dieu et Il ne reste pas impassible. Il n'est pas un despote. Il veille encore sur cette terre meurtrie par la violence, la haine, la jalousie et la méchanceté. Et Il est affligé comme au temps de Noé.

11 septembre 2001 ? 18 septembre 2004 ? 26 décembre 2004 ?

Dieu était là. Dieu est là. Dieu souffre aujourd'hui encore de nos stupidités, nos désobéissances et Il en parle. Dieu est vivant. « *Notre Dieu est au ciel. Il fait tout ce qu'Il veut.* » (Psaume 115.3.) Il n'est pas indifférent à nos douleurs, à nos larmes, à nos peines et à nos misères. Selon Psaume 34, non, Dieu ne nous abandonnera pas à notre souffrance. D'ailleurs, Il nous dit dans Matthieu 28.20, « *Et voici, Je suis avec vous tous les jours, jusqu'à la fin du monde.* » Et c'est Paul, l'apôtre des incirconcis, qui dit : « … *Lui qui nous console dans toutes nos afflictions.* » (2 Corinthiens 1.4.) Pouvons-nous comprendre la souffrance ? Peut-on l'expliquer ? Il est vraiment difficile de comprendre Dieu, car il est écrit : « *O profondeur de la richesse, de la sagesse et de la connaissance de Dieu ! Que ses jugements sont insondables et ses voies incompréhensibles !* » (Romains 11. 33.) Une simple lecture de l'Ancien et du Nouveau Testament nous éclaire bien sur la souffrance de nos premiers parents (Adam et Ève), de Job, de David, de Jésus, de Paul, et de tant d'autres. Si dans cette vie de nombreuses données nous manquent sur l'origine de la souffrance, nous apprendrons beaucoup plus dans l'éternité (au retour de Jésus). Elle nous dit aussi que Dieu connaît notre misère, Il nous aime et se soucie de notre état actuel. En tant qu'homme, Il a connu Lui-même beaucoup de souffrances. (Voir Ésaïe 53.3-5 ; Matthieu 16.2.) La Bible nous enseigne que le Créateur ne voulait pas que nous souffrions ou mourions ; ce n'était pas dans ses desseins, mais la désobéissance de nos premiers parents a bouleversé l'ordre des choses. Si fait, notre souffrance est la conséquence de nos péchés parce que nous nous sommes éloignés bien loin de son plan originel. Trop souvent, nous faisons porter à Dieu nos inconséquences, nos fautes et nos déboires en Le blâmant injustement.

La tempête tropicale Jeanne noie Gonaïves, Haïti. La tempête a fait au moins 3 000 morts, 300 000 sans-abri et 900 personnes sont portées disparues (9/2004 Courtoisie de RTL, L'info.).

C'est le péché qui nous sépare de notre Créateur, ce que le prophète Ésaïe confirme au deuxième verset du chapitre 59 de son livre « *En réalité ce sont vos torts qui dressent une barrière entre vous et votre Dieu ; ce sont vos propres fautes…* » (Ésaïe 59.2.). Heureusement, Dieu comprend et nous promet son secours. Dans son livre, « *Le cri du ciel* », Jacques Doukhan affirme : « Le péché de l'homme produit un effet qui déborde sa propre sphère et se répercute sur l'univers tout entier. Ce principe fondamentalement biblique est énoncé dès l'événement de la création. L'homme et la nature sont créés dépendant l'un de l'autre. La désobéissance d'Adam entraîne les épines et les ronces[7]. » Eh ! oui, certainement, Dieu n'est pas indifférent à nos misères. « *C'est un ennemi (le diable) qui a fait cela* », dit le Seigneur Jésus (Matthieu 13.28.). Dans son amour immense, Il a un plan de sauvetage pour nous. En fait, tout effort entrepris par l'homme pour échapper à la souffrance serait vain. D'ailleurs, l'homme, si habitué à faire le mal, peut-il faire le bien ? Satan et les forces du mal nous retiennent captifs dans la souffrance. Toutefois, l'univers entier est sous le contrôle de Jéhovah. Et seul le Créateur de l'univers peut y mettre un terme. Dieu se révèle toujours de diverses manières au sein de la souffrance comme dans les moments difficiles. Lisez la Bible et observez la nature, vous découvrirez que l'amour est bien l'attribut de Dieu ; bien que la grandeur d'un tel amour soit insaisissable et incompréhensible ; franchement, il demeure un mystère. C'est Damsteegt qui écrit : « Le mal ne vient pas de Dieu. Celui qui a " aimé la justice, et haï l'iniquité " n'est pas à blâmer pour la misère du monde. Satan, un ange déchu, est responsable de la cruauté et de la souffrance humaine. On comprend mieux les vols, les meurtres, les décès, les crimes et les catastrophes… qui nous brisent le cœur… quand nous les entrevoyons dans le cadre du grand conflit[8]. » (Voir Apocalypse 12.) Jésus, le Créateur de l'univers, a beaucoup souffert et souffre encore de nos fautes. Loin de là, la souffrance est le lot du juste comme de l'injuste. Cependant, au retour de Jésus, Dieu mettra une fin définitive à la souffrance et à la douleur du juste et de tous ceux qui font sa volonté selon sa promesse. Nous souffrons à cause de la désobéissance de nos premiers parents (Adam et Ève). Il est crucialement important que nous souffrions et mourions. C'est inévitable, d'ailleurs. « Il faut souffrir… oui, il est nécessaire de souffrir pour expier nos fautes[9] », dit Fénelon. Cependant, dans les moments de trouble et dans

---

[7] Jacques Doukhan, *Le cri du ciel*, Dammarie-lès-Lys, Éditions Vie et Santé, 1996, p. 96.
[8] P.-G. Damsteeght, *Ce que croient les Adventistes,* Dammarie-lès-Lys, Éditions Vie et Santé, 1990, p. 112.
[9] Henri Bénac, *Dictionnaire des synonymes*, Paris, Éditions Hachette, 1982

Le tsunami a fait au moins 232 046 morts et disparus (entre 16 000 et 232 000 morts selon les différentes évaluations). 12/2004 Courtoisie de RTL, L'info.

les moments difficiles, Dieu est plus près de nous que nous le pensons.

Disons que j'ai recommandé à mes filles Erline et Jessie de ne pas ouvrir la cheminée de peur qu'elles ne se brûlent. Supposons qu'elles ne m'écoutent pas en désobéissant à mes ordres et qu'elles se brûlent. Elles souffrent terriblement de cette brûlure. Inévitablement, leur maman, Jackie, leur frère Eric Japhet, moi aussi, ainsi que les autres membres de la famille y compris les amis souffrent de leur désobéissance. J'ai de la compassion pour mes filles, et par amour je suis prêt à souffrir à leur place. Il en va de même pour notre Père céleste qui compatit à nos tourments et à nos misères. Il partage notre souffrance. Il nous a tant aimés qu'Il s'est donné Lui-même à travers Son Fils afin de nous sauver, en souffrant et en mourant pour nous à cause de notre désobéissance. N'est-ce pas merveilleux d'avoir un Père si admirable, si compatissant, si miséricordieux ? Avons-nous jamais rien vu de si beau. (Voir Psaume 103.13 ; Jean 3.16.)

Douleur et souffrances de Christ

Arrêté, jugé et crucifié, mais, Jésus, le supplicié n'était pas coupable ; Il était juste et innocent. Pourquoi souffrait-Il ? La souffrance, n'est-elle pas un cadeau indésirable ? Sous l'inspiration divine, le prophète Ésaïe décrit la souffrance du Sauveur : « *Méprisé et abandonné des hommes. Homme de douleur et habitué à la souffrance. Semblable à celui dont on détourne le visage, Nous l'avons dédaigné, nous n'avons fait de Lui aucun cas. J'ai livré mon dos à ceux qui me frappaient, Et mes joues à ceux qui m'arrachaient la barbe. Je n'ai pas dérobé mon visage aux ignominies et aux crachats. Mais le Seigneur, l'Éternel, m'a secouru ; C'est pourquoi je n'ai point été déshonoré. C'est pourquoi j'ai rendu mon visage semblable à un caillou, sachant que je ne serais point confondu.* » (Ésaïe 53.3 ; 50.6, 7.) *Jésus, le Grand Guérisseur* a connu l'ignominie et le crachat pour le rachat de l'humanité. Dans son film, « *The passion of the Christ* », Mel Gibson peint le tourment, la torture, le traitement inhumain et honteux, l'humiliation et la souffrance infligés à Jésus à cause de nos folies, de nos inconséquences, de nos négligences… bref, de notre désobéissance. Cependant, ce même Dieu console notre cœur dans la souffrance. Il a tant souffert pour nous sauver du péché maudit. Ces paroles de Pierre, l'un des apôtres des circoncis, vont au-delà de notre compréhension : « *Mais si, tout en faisant le bien, vous supportez la souffrance, c'est une grâce.* » (1 Pierre 2.20.) Car Il faut que l'homme souffre et meure. C'est pourquoi, dans l'une de ses compositions, A. Pélaz exalte l'amour de Dieu à sa manière :

La souffrance de Jésus (Courtesy of Biblical Perspectives).

« Dans la souffrance, au sein de la douleur,
Au jour de deuil tu consoles mon cœur .
Du haut du ciel, je sais que tu me vois ;
Il me suffit d'un seul pas à la fois.
Sur ton amour, oh ! J'aime à m'appuyer !
Toi, conduis-moi[10] ! »

Avec sa potence sous les bras, Jésus « le vrai serpent d'airain élevé pour le salut du monde[11] » a beaucoup souffert. Quelle souffrance pour un Sauveur si doux, si humble et si aimant ! La foi de Jésus en son Père adorable et en la justice divine a transcendé la souffrance. Voilà ce que Christ a fait pour vous et pour moi, et vous qu'avez-vous fait pour Lui ? Vous aussi, votre foi doit pouvoir au nom de Jésus, transcender la souffrance. Car, « Dieu est tellement transcendant qu'Il a pu transcender sa transcendance même pour venir jusqu'à nous[12]. » Que faire, face au mal et à la souffrance ? Le péché est la source de notre souffrance. Heureusement il est anéanti définitivement par le sacrifice de Jésus, et le prix nécessaire a été payé au calvaire. On peut lire dans le livre de l'apôtre Jacques ce qui suit : « *Prenez, mes frères, pour modèle de souffrance et de patience les prophètes qui ont parlé au nom du Seigneur.* » (Jacques 5.10.) La vie est un buisson épineux, elle est difficile, certes, mais nous avons fort heureusement affaire à un Dieu bon et fidèle, qui veille sur nous et pourvoit à chacun de nos besoins selon son bon plaisir. En fait, la Bible abonde en histoires d'hommes et de femmes qui ont découvert la fidélité de Dieu au milieu de la souffrance, de la tristesse et des situations les plus désespérées.

Dans la souffrance et l'abandon, l'auteur du psaume 22 cherche l'Éternel, son Dieu qui est toujours près de ceux qui l'invoquent avec sincérité, et perplexe, le psalmiste s'exclame : « *Mon Dieu ! Mon Dieu ! Pourquoi m'as-tu abandonné, Et t'éloignes-tu sans me secourir, sans écouter mes plaintes? Toi qui es ma force, viens vite à mon secours.* » Et le Seigneur qui est fidèle viendra aussi à ton secours et gardera ta vie si tu le cherches de tout cœur. D'ailleurs, n'a-t-Il pas dit Lui-même dans Matthieu 7.7 : « *Vous me chercherez et vous me trouverez.* » Je crois fermement que Jésus peut changer ta situation, Il te soutiendra et ton chemin s'aplanira. Fort souvent, nos doutes

---

[10] A. Pélaz, *Hymnes et Louanges* nº 304, Dammarie-lès-Lys, Éditions Vie et Santé, 1983.
[11] F. Godet, *Commentaire sur l'évangile de Saint-Jean*, Tome 1, Neuchatel, Attinger Frères Éditeurs, 1902, p. 134.
[12] Jean Delumeau, *Le fait Religieux*, France, Éditions Fayard, 1996, p.13.

souffrances, nos anxiétés, nos inquiétudes et nos douleurs physiques nous empêchent de percevoir la main de Dieu qui est prête à nous secourir. Nous murmurons au lieu de nous accrocher à la belle espérance de la vie éternelle que le Créateur a mise dans nos cœurs. C'est humain, car en proie à l'angoisse, Jésus en tant qu'homme a voulu un instant que la coupe de douleur et de souffrance s'éloignât de Lui, mais finalement Il s'abandonna à la volonté de son Père. De même pour vous qui souffrez aujourd'hui, si vous gardez la foi et si vous persévérez, vous participerez aussi à la gloire de Jésus. Dites donc : « que sa volonté soit faite ! » Car si le Seigneur veut t'écraser par la souffrance, qui s'y opposera ?

La parole du Seigneur révèle que dans sa souffrance, le regard de Jésus fut tourné vers Dieu, son Père. Vous aussi, dans votre souffrance, tournez vers Jésus, votre Sauveur et Frère tout en faisant monter des louanges et des actions de grâce en son honneur. N'est-il pas doux et rassurant de savoir que Dieu est tout près de nous, même dans la souffrance la plus amère ? Dans les Lamentations du prophète Jérémie, on peut lire : « *Les bontés de l'Éternel ne sont pas épuisées. Ses compassions ne sont pas à leur terme. Elles se renouvellent chaque matin. Oh ! Que ta fidélité est grande* ! » (Lamentations 3.22, 23.) Oui, sachez donc bien cher ami lecteur que Jésus est là, bien présent, Il vous attend et veut vous délivrer aujourd'hui même. Dieu attend encore que l'homme se décide enfin d'accepter sa grâce. L'apôtre Paul exhorte les Romains, à ne pas lâcher prise, car la souffrance produit la persévérance : « *Bien plus, nous nous glorifions même dans la souffrance, sachant que la souffrance produit la persévérance.* » (Romains 5.3.) Au chapitre 8 verset 18, il cite un autre texte : « *J'estime que les souffrances du temps présent ne sauraient être comparées à la gloire à venir qui sera révélée pour nous.* » Garder confiance même dans la souffrance et dans l'adversité. En tout cas, si la douleur vous plie, regardez vers la croix. Suivez le chemin de Jésus de Nazareth, soyez fidèle et obéissant, soumettez-vous, donnez-Lui votre vie et Il vous guidera. C'est Publilius Syrus qui écrit : « La douleur de l'âme pèse plus que la souffrance du corps[13]. » Oh ! mon ami, que Dieu vous donne de souffrir avec courage, car la délivrance finale est pour bientôt ! Si fait, quelle espérance bénie, détendez-vous, car Jésus est là ! Voyez-vous, Dieu contrôle toutes choses, une vérité qui vous donne espoir et assurance malgré vos souffrances. D'ailleurs, n'a t-Il pas dit dans Jean 15.5 : « … *car sans moi vous ne pouvez rien faire.* » En final, si Jésus, le Fils de Dieu, n'a pas été épargné, qu'en est-

---

13 www.sissibelle.over-blog.com

il de nous ? Voilà pourquoi la Bible nous exhorte à regarder comme un sujet de joie complète la souffrance à laquelle nous sommes exposés quotidiennement. C'est Job qui renchérit : « *Dieu instruit le malheureux par la souffrance.* » (Job 36. 15.) Il faut vous rappeler toujours que le chemin vers la gloire avec Christ passe par la souffrance. « *Travaux, luttes et souffrance, que craindrais-je encor*[14] ? » Oh ! tant d'événements surviennent sans qu'on les comprenne. Tant de tragédies qui se trouvent au-delà de notre compréhension. Apprenons tout de même à faire confiance à Jésus quelles que soient les circonstances. Une confiance qu'on découvre dans la lecture de la parole de Dieu, dans la méditation et dans un contact de plus en plus intime avec le Seigneur Jésus. Voulez-vous goûter un moment de paix et de joie au milieu de la détresse et de la souffrance ? Faites de Jésus votre souverain Bien ! Oui, cher ami lecteur, prends ta part de souffrances, ce cadeau indésirable, et que, comme l'apôtre Paul, tu sois fortifié dans tes souffrances. Encore Paul qui dira à Timothée : « *Pour toi, tu as suivi de près... mes persécutions, mes souffrances. A quelles souffrances n'ai-je pas été exposé…et le Seigneur m'a délivré de toutes.* » (2 Timothée 3.11.) En d'autres mots, souffre comme un bon soldat de Jésus-Christ et supporte la douleur avec patience.

Prière suggérée :

Et puisque c'est ta volonté, Oh ! Père, donne-moi le courage et la foi dans la souffrance afin de connaître ta gloire. Que ton bon Esprit me conduise et me soutienne tous les jours de ma vie. Au nom de Jésus, Je te prie ! Amen.

Avec Jésus, c'est la délivrance et la victoire définitives sur l'ennemi, sur la douleur, sur la souffrance, sur la maladie, sur la mort et sur les forces du mal qui vous retiennent prisonniers, vous tourmentent et vous détournent de votre Dieu. Heureusement, sa puissante grâce vous suffit ici-bas et dans le monde à venir. Dans la douleur et dans la souffrance, Jésus de Nazareth nous accompagne toujours !

[14] A. Humbert, *Hymnes et Louanges* n° 242, Dammarie-lès-Lys, Éditions Vie et Santé, 1983.

Chapitre 2

La perte

La perte est « la disparition totale d'une chose matérielle ou non : perte de la vie, perte de biens, perte d'honneur[15]. » Comment vivre une perte ? La perte d'un être cher, perte d'emploi, perte d'espoir, perte de foi, perte d'une entreprise, perte d'une superbe villa, perte de récolte ou la perte de nos biens ou toute autre perte capitale dans la vie peut, en effet, nous empêcher de continuer la lutte quotidienne pour notre survie, parce qu'elle nous prive de nos moyens et nous sommes déboussolés.

Comment faire face à la mélancolie, la solitude, la dépression qui peuvent en résulter ? Dans son récent ouvrage, « *La perte* », Dr Michel Juffé, philosophe et psychanalyste écrit : « Nous passons notre existence à supporter des pertes : d'êtres chers, de souvenirs, de croyances, de repères, de situations, de lieux, de l'intégrité physique et / ou psychique, d'objets précieux… Ces pertes nous affectent de manière plus ou moins irrémédiable, selon une assez grande diversité de facteurs "internes", tels que la force de nos appartenances, l'assurance de notre identité, la force de nos projets, et "externes", tels que l'état de paix et de guerre de nos lieux d'habitations, le degré de solidarité sociale et culturelle, l'assimilation du passé, la confiance en l'avenir. Nous sommes ainsi amenés à nous poser des questions transversales sur les manières possibles *d'assumer* les pertes, selon qu'elles sont ou non irréversibles, irréparables, qu'elles nous touchent plus ou moins profondément, qu'elles sont individuelles ou collectives et qu'elles entraînent des effets à plus ou moins long terme[16]. » Il semble parfois que la perte est si profonde qu'elle nous empêche de remonter la pente, à moins que quelqu'un de puissant et de bon ne nous aide. Et ce quelqu'un est Jésus, le Tout-Puissant. Lui seul peut retourner à notre avanta-

---

[15] Henri Bénac, *Dictionnaire des synonymes*, Paris, Éditions Hachette, 1982.
[16] Michel Juffé, *La perte*, Paris, In Press Eds, 2005, p.169.

ge toute situation malheureuse ou désespérée parce qu'Il a toutes les ressources disponibles pour nous revigorer ou pour nous aider à reprendre notre envol.

Une perte et une souffrance insupportables

Pendant que je m'apprête à faire imprimer cet ouvrage, les nouvelles d'un incendie tragique nous parviennent de la ville de Bronx, New York où 9 enfants et une mère ont péri dans un feu destructeur qui causa des pertes et des dommages irréparables en cette nuit d'hiver du mois de mars. La nouvelle de cet incendie se répandit partout. Quelle tragédie ! Comment les autres membres de la famille assumeront cette grande perte ? Ces deux familles ont subi de lourdes pertes. Elles sont inconsolables. Heureusement, l'Ami divin, notre Sauveur nous dit : « *Je ne vous laisserai pas orphelins.* » (Jean 14.18.) Et l'apôtre Paul ajoute : « *Car, de même que les souffrances de Christ abondent pour nous, de même aussi notre consolation abonde par le Christ.* » (2 Corinthiens 1.5.) En fait, il y a de grosses pertes que personne ne vient compenser, sauf Jésus. Quant aux pertes des membres d'une famille, c'est encore Michel Juffé qui écrit : « Quand un ami ou un membre de ma famille meurt ou disparaît, non seulement sa présence *(prae-esse)* devient absence *(ab-esse),* mais également tous les symboles, rites, habitudes, etc. qui accompagnaient cette présence disparaissent aussi. Ils deviennent des fantômes, car je ne peux les rendre présents même si j'écris un livre, réalise un film ou leur portrait. » Mon cher ami, même quand on perd tout, il vous reste encore le Conseiller admirable.

En ce qui a trait aux pertes de biens temporels et spirituels, il arrive que soit par ignorance, soit par manque de foi, nous nous tracassons beaucoup pour la perte de biens temporels, de choses périssables de la terre, de choses sans valeur réelle, de choses passagères de ce monde (trésors de la terre), et c'est humain. Les anges du ciel s'efforcent bien de nous arracher aux choses de la terre et à nous-mêmes, certes, mais en vain et nous vendons souvent notre droit d'aînesse pour une pitance, un rien, à l'instar de Esaü, qui pour un plat de lentilles, vendit le sien. On peut tout perdre en une nuit. D'ailleurs, « *Tout ici-bas disparaîtra.* » (Apocalypse 21.1.) Acceptez comme Job votre impuissance et reconnaissez que Dieu est et demeure le Maître des événements. Les choses invisibles de Dieu sont des biens spirituels qui ont des valeurs réelles (trésors du ciel) et elles sont inépuisables. Il nous arrive souvent de perdre des biens spirituels qui sont pourtant à notre portée, hélas ! Mais inaccessibles à notre compréhension. À mon humble avis, s'il existe des pertes de biens matériels, il existe également des pertes de biens spirituels. Pour utiliser une expression de Max Lucado, « une vérité qui pourrait être enseignée dans les cours de "théologie systématique". » J'ajoute, choses qui devraient être incrustées en nous pour notre bonheur, et qui pourtant nous échappent. Et puis, ces choses visibles ne nous viennent-elles pas toutes des choses invisibles ? Oui, c'est bien de l'invisible que vient le visible. Et Dieu commande : « *Que la lumière soit ! Que la terre produise… Et cela fut ainsi.* » (Genèse 1.) C'est dommage qu'on fasse peu de cas des choses célestes, invisibles, réelles et éternelles. Ne voulez-vous pas revenir de cette erreur de jugement et rectifier le tir ?

Si vous êtes écrasé et abattu parce que tout est perdu, recherchez la présence de Jésus, car Lui seul peut vous aider à refaire surface. À sa manière, le roi David implore la pitié de Dieu au psaume 38 : « *Éternel ! Ne me punis pas dans ta colère, Et ne me châtie pas dans ta fureur. Car tes flèches m'ont atteint, Et ta main s'est appesantie sur moi. Par l'effet de ma folie je suis courbé, abattu au dernier point. Tout le jour je marche dans la tristesse. Viens en hâte à mon secours, Seigneur, mon salut !* » En effet, Dieu donne la capacité de refaire surface et empêche que notre situation ne s'empire. Du reste, si vous avez tout perdu, eh bien ! Dieu vous donnera la capacité nécessaire pour remonter le courant. Et s'il arrive que Dieu ne le fait pas pour vous au moment espéré ou souhaité, vous n'avez qu'à attendre son heure. D'ailleurs, Dieu est le propriétaire de l'univers dans lequel vous évoluez. « *N'est-ce pas Lui qui a fait toutes ces choses* ? » (Actes des Apôtres 7. 50.) Il peut, et est disposé à vous donner beaucoup plus dans cette vie et aussi dans le monde à venir. Ce qui paraît être pour vous le bon moment, le moment désiré ou souhaité peut ne pas être pour Dieu le moment idéal pour votre bien. N'oubliez jamais que Dieu vous aime. Il fait tout pour votre bonheur. Vous devez apprendre à cultiver la patience. Ne disait-Il pas à Marie, sa mère : « *Femme, qu'y a-t-il entre moi et toi ? Mon heure n'est pas encore arrivée.* » (Jean 2.4.) Votre cœur est brisé, vous êtes anxieux, inquiet, agité, découragé, abandonné par vos proches et ceux sur qui vous comptez beaucoup, n'oubliez jamais que l'Éternel, le Dieu de la proximité, est près de tous ceux qui l'invoquent avec sincérité. Seulement, faites confiance à Jésus et soyez patient. Et si vous n'avez pas envie d'être patient, soyez patient quand même. Cela en vaut la peine. Dans sa lettre aux Philippiens, l'apôtre Paul déclare : « *Ces choses qui étaient pour moi des gains, je les ai regardées comme une perte, à cause de Christ. Et même je regarde toutes choses comme une perte, à cause de l'excellence de la connaissance de Jésus-Christ mon Seigneur, pour Lequel j'ai renoncé à tout, et je les regarde comme de la boue, afin de gagner Christ.* » (Philippiens 3.7, 8.) L'être aimé n'est plus, l'ouragan ou le feu a tout détruit, plus d'amis, tout est perdu, on se retrouve seul, sans aucun secours, ne sachant comment poursuivre le chemin ni comment accepter la séparation ? À cette question, Christophe Fauré, psychiatre et psychothérapeute répond : « La séparation induit une profonde perte de repères et ceci peut aller jusqu'à une véritable crise d'identité. Ainsi, le premier temps de la rupture s'apparente à une “ gestion de crise ” : il vous faut aller au plus immédiat et au plus concret pour sécuriser vos bases, tant au niveau matériel qu'au niveau relationnel, en n'hésitant pas à solliciter explicitement de l'aide autour de vous. La réflexion de fond sur ce qui s'est passé dans votre couple viendra plus tard (c'est néanmoins un temps à ne pas court-circuiter : donnez-vous plus tard le temps d'analyser ce qui a conduit à la situation actuelle, essayez d'y percevoir votre part dans le processus, tentez d'en apprendre quelque chose qui vous permettra de ne pas refaire les mêmes erreurs ou de reproduire les mêmes fonctionnements lors de futurs engagements…). A un autre niveau, je vous invite à essayer d'accueillir en vous cet arrière-goût de perte de contrôle et d'identité. Paradoxalement, il est parfois plus " sain " d'accepter la douleur que d'essayer de l'étouffer. Ce n'est pas être maso[17] ! C'est au contraire être de plain-pied dans le réel, en se confrontant avec courage et humilité à ce qu'on ressent, même si ça fait mal[18]. » Sentez-vous seul, sentez-vous au fond du gouffre ? Regardez à l'Ami fidèle parce qu'Il est l'unique issue de secours.

- Eh oui, c'est bien le moment de chercher sa présence dans votre vie, mon ami. Dépêchez-vous, Il vous attend !

Oui, cher ami lecteur, le secours de notre Dieu est assuré. Dans les moments de détresse, Dieu nous promet son secours et Il est disposé à nous bénir en nous donnant sa grâce, sa paix et sa joie. La perte apporte toujours la douleur et des larmes, mais la parole de Dieu nous exhorte à méditer l'attitude de son serviteur Job qui avait tout perdu et qui pourtant a gardé confiance dans la sollicitude et la bonté de son Dieu. Après avoir constaté la perte de tout, Job a compris que c'est Dieu qui donne et qui ôte. (Job 1.21.) Peut-être avez-vous dans le passé ou récemment subi une grande perte ?

---

[17] Masochiste : comportement d'une personne qui semble prendre plaisir à provoquer des situations dommageables ou humiliantes pour elle. (*Dictionnaire Hachette*, Édition 2005.)
[18] www.psychologies.com

Peut-être vivez-vous encore des douleurs physiques ou émotionnelles ? Pourtant, si vous reconnaissez le Seigneur comme votre Sauveur, vous n'aurez nul besoin de désespérer. Malheureusement, en butte à des problèmes, des inconvénients et des ennuis de la vie, nous n'agissons pas de manière appropriée ou convenable face aux difficultés et nous oublions que le Rédempteur est la source de la vie, la seule issue. De Lui découlent de multiples bénédictions. Il répond toujours avec générosité à nos besoins quotidiens. Il est le Créateur de tout. Tout Lui appartient. Vous avez tout perdu, certes, mais avec Lui vous retrouverez plus que tout ce que vous possédiez auparavant. N'est-Il pas merveilleux et miséricordieux ? Dans son livre, « *Vers Jésus* », Ellen G. White écrit : « Vos affaires peuvent vous causer de l'anxiété ; vos perspectives, devenir de plus en plus sombres, et vous pouvez être menacés de grandes pertes. Mais ne vous laissez pas décourager. Confiez tous vos soucis à Dieu, et demeurez calmes et joyeux. Demandez au ciel la sagesse nécessaire pour diriger judicieusement vos affaires, afin d'éviter des pertes désastreuses. De votre côté, faites tout ce qui dépend de vous pour mener à bien vos entreprises. Jésus nous a promis son assistance. Quand vous avez fait tout votre possible en vous reposant sur Celui qui est votre secours, acceptez avec joie ce qui peut survenir[19]. »

Le Dieu secourable est vivant

C'était en 1990. Cette année-là, en tant qu'ingénieur électronicien avec de solides expériences et compétences dans le domaine de l'électronique et de l'informatique, j'avais décidé d'ouvrir ma propre entreprise. Dieu m'a béni au fur et à mesure que les années passèrent. Par la suite, les choses marchèrent au ralenti à cause d'une compétition acharnée sur le marché. Tout était planifié pour l'ouverture d'une filiale de l'entreprise dans mon pays d'origine, mais bien souvent Dieu a des plans contraires aux nôtres. L'ouverture de cette filiale était une initiative qui exigeait beaucoup et la situation financière de la maison mère s'était aggravée à cause de mon absence prolongée. En fin de compte, après 9 ans dans les affaires, je décidai de fermer les portes de l'entreprise. Oubliant que Dieu n'a pas dit que l'épreuve ou la souffrance me sera épargnée, je fus tenté de douter des belles promesses du Seigneur. Dieu soit loué, j'ai quand même conservé la foi. Car je me suis toujours gardé de déplacer mon Sauveur du centre de ma vie. Alors, j'ai commencé à prier et essayé de comprendre ce qui s'est passé

[19] Ellen G. White, *Vers Jésus*, Idaho, Éditions Vie et Santé, 1961, p. 122.

et comment faire pour rembourser certains actionnaires exigeants et indifférents à mes problèmes. Accablé à l'extrême, au sein de l'épreuve et de la détresse, comment voir l'amour de Dieu ? J'ai réfléchi et des questions se firent jour : Dieu m'abandonne t-Il ? Je me demandais pourquoi cela est-il arrivé à moi ? Pourquoi Jésus permettait-Il cela ? Suis-je infidèle envers Lui ? Est-ce que je ne Lui fais pas confiance ? D'ailleurs, n'ai-je pas lu dans le cantique des degrés et faire mienne cette belle promesse : « *Ceux qui se confient en l'Éternel sont comme la montagne de Sion : elle ne chancelle point, elle est affermie pour toujours* » (Psaume 125.1). Par ailleurs, je vous invite à ajouter foi à cette belle promesse. Comment faire pour reprendre mon envol ? Comment accepter ce défi lancé par la vie ? Autant de questions… je me sentais au comble du désespoir. De toute façon, je n'avais pas la réponse à mes pourquoi. Ce qui est sûr, un jour je l'aurai et je comprendrai. Il faut comprendre que la perte ne signifie pas que Dieu abandonne ses enfants, car ceux qui ont Jésus dans leur vie subissent parfois des pertes considérables. Le récit de Job nous édifie amplement. Toujours est-il ces paroles de Saint-Paul vont au-delà de notre compréhension : « *Toutes choses concourent au bien de ceux qui aiment Dieu.* » (Romains 8.28.) Prenant mon courage à deux mains, comme le psalmiste David, dans sa prière et sa méditation, je déposais mes plaintes, mes déceptions, mes doutes et mes échecs devant le Seigneur. Et finalement, suite à cette expérience, j'ai compris peu à peu que Dieu agit toujours pour notre bien-être. Parfois on oublie que Dieu peut renverser les circonstances même les plus désagréables selon son bon plaisir. Dans Ésaïe 41.13 et 18, Il dit : « *Ne crains rien, Je viens à ton secours. Je changerai le désert en étang, et la terre aride en courants d'eau.* » J'avoue qu'Il a fait de grandes choses pour moi. Je dois admettre que le Seigneur m'a fortifié. J'ai compris que même lorsqu'on a tout perdu, Jésus nous reste encore. Il prendra soin de nous. Des perspectives inattendues s'ouvrent désormais. Car Il a ouvert d'autres portes pour moi et j'ai eu le privilège de choisir l'une d'entre elles. N'est-ce pas généreux ? Un Sauveur aimant, bon et passionné. Le Seigneur m'a béni et aujourd'hui je suis reconnaissant envers Lui. Je me sens obligé de partager cette expérience avec toi, cher ami lecteur, parce que je veux te dire que l'Ami véritable peut faire la même chose pour toi et peut-être plus, seulement, attends son heure. Il peut comprendre et « Il sait tes alarmes… » Oui, « *toutes choses sont possibles à Dieu* », dit le Seigneur Jésus. (Marc 14.36.) Jésus m'a secouru. Il te prêtera aussi son secours. D'ailleurs, sous la plume du prophète Ésaïe, l'Éternel se demanda : « *N'ai-je pas assez de force pour délivrer* ? » et dans Genèse 18. 14, ne fit-Il pas la même question sous une forme différente : « N'y *a-t-il rien qui soit étonnant de la part de l'Éternel ?»* En fait, seul Lui peut t'aider à relever les défis du présent et également écarter les appréhensions du futur. Car l'avenir est à Dieu. Le Dieu de l'impossible. Ne vous est-il jamais arrivé de faire tout ce qui dépendait de vous pour éviter une situation catastrophique ou humiliante ou pour éviter une perte énorme, qu'elle soit humaine ou financière ? Cependant, cette action énergique du corps ou de l'esprit qui voit le danger et qui fournit un effort surhumain et approprié à la circonstance se révèle inutile, vain, voire chimérique. Alors, « que pourrait votre énergie, car vos luttes sont vaines[20] », comme dit Mcgranahan. À ce carrefour, seule une intervention de la puissance divine peut effectivement remédier à la situation quelque embarrassante qu'elle soit. Vrai ou faux ? Réfléchissez-y. Alors faites toujours confiance à Dieu quand vous êtes confronté à ce genre d'énigmes, car « vous ne pouvez rien de par vous-même. » Perdez-vous l'espoir ? Plongé dans le désespoir parce que vous venez d'être licencié ? Comment trouver un nouveau emploi ? Heureusement, si cela vous est impossible, tout est possible à Dieu. D'ailleurs, Il fit toujours l'impossible pour tout rendre possible pour vous et moi. Restez accroché à Jésus qui peut vous mettre à l'abri de tout souci. Soyons convaincus que ce même Jésus peut tout faire pour nous si nous faisons sa volonté. Si seulement on lisait la Bible et priait un peu plus souvent, si la parole du Maître demeurait en nous, cela nous serait bénéfique, sans aucun doute. Mais souvent, nous demeurons loin de Lui, car nous ne gardons pas toujours sa parole. Malheureusement, bien des fois, nous négligeons la lecture de la Parole de Dieu au profit des programmes de la télé, des lectures profanes et des choses matérielles de ce monde. C'est vrai que la lecture des ouvrages profanes n'est pas mauvaise en soi puisqu'elle nous permet de meubler notre esprit. Mais nous devons nous garder de la faire passer en premier. À la vérité, toute lecture n'est pas digne d'occuper notre temps. Car ce que nous lisons a le pouvoir de détruire notre réceptivité au Saint-Esprit. Il y a des lectures qui n'élèvent pas, et qui plutôt rabaissent. Dans la plupart des cas, nous accordons plus d'importance aux grandes vedettes de la télévision qu'à Jésus, notre Conseiller admirable. Dommage que nous choisissions de nous isoler du secours que le Père secourable nous a promis par son Fils. Attristé par la perte, désolé de ne pas pouvoir éviter cette situation catastrophique, découragé et envahi par le chagrin ? Jésus est encore là. Ne permettez pas à la frustration de prendre l'allure d'une perpétuelle tristesse en vous. Car on peut devenir obnubilé par ce qu'on juge être le responsable de notre insatisfaction, de notre malheur et

---

[20] J. McGranahan, *Hymnes et Louanges* n° 455, Dammarie-lès-Lys, Éditions Vie et Santé, 1983.

perdre tout contact avec Celui qui peut véritablement changer notre situation. Avez-vous tout perdu : famille, possession, etc.? Avez-vous lu dans Job : perte de tous ses biens, la mort de ses enfants ? Son épouse, ainsi que ses proches l'ont abandonné, maladie grave, souffrance amère, que savons-nous de plus ? Mais Dieu a tout restitué à Job, son serviteur, homme pieux et humble. Car, seul Lui donne la force et la capacité de redevenir maître de soi selon sa générosité. Un tel Sauveur, n'a-t-Il pas effectivement la puissance de nous donner la capacité de rebâtir ce qui a été détruit ? « *N'est-ce pas l'Éternel qui donne du pain à toute chair* ? » (Psaumes 136.25.) Il vous reste encore *Jésus, le Grand Guérisseur.* Choisissez donc Jésus aujourd'hui tandis qu'Il est tout près. Il vous attend. Soyez donc coopératif. Car avec Lui ça va marcher et tout droit. Croyez-moi, je l'ai expérimenté moi-même, ce Dieu des délivrances. Néanmoins, sachez bien que « Jésus sait guérir, sait donner la vie, sait réconforter et consoler ; quand il le faut, il sait aussi reprendre[21]. »

Prière suggérée :

Seigneur Dieu, toi qui pourvois aux besoins de l'homme et des animaux chaque jour, donne-moi de rester toujours attaché à toi comme la branche au tronc quelques soient les circonstances. Pardonne mes erreurs et sois apaisé envers moi. Au nom de Jésus, je prie ! Amen.

Avec Jésus, c'est l'espoir d'avoir un appui et un soutien dans l'épreuve. Même quand votre œil ne pourrait plus discerner Jésus dans le désert de l'épreuve, gardez quand même vos yeux fixés sur votre Maître et comptez ses bienfaits, « car les flots et les vents sont mesurés. » Reconnaissez aussi que vos luttes sont vaines et vos énergies à elles seules ne peuvent pas non plus vous aider à rentrer en possession de tout ce que vous aviez perdu. Vous avez besoin de placer votre confiance en sa promesse Suprême. Sa grâce vous suffit ici-bas et dans le monde à venir. Jésus de Nazareth donne la capacité de refaire surface parce qu'Il nous aime !

[21] G. André, *Pierre et son Maître*, France, La bonne semence, 1985, p. 18.

Souvent quand quelqu'un souffre amèrement, quand quelqu'un meurt, on se demande pourquoi et rapidement on condamne le Créateur pour tout ce qui ne va pas selon nos caprices ou selon nos désirs égoïstes. Mais Dieu, devrait-Il être réprimandé constamment pour la souffrance et la mort ? Il est le Dieu qui donne la vie, la vie éternelle. D'ailleurs, « *Dieu avertit Adam et Ève qu'ils mourraient s'ils touchaient à un arbre dans le jardin qui appartenait à Satan* » (Genèse 3. 4).

Prier et remercier Dieu aujourd'hui parce qu'Il est l'Éternel qui donne la vie et qui guérit. Demandez-Lui de vous libérer de la peur de la souffrance, de la maladie, et de la mort et la remplacer par la confiance en Lui pour toujours.

La perte d'idéal, entre désillusion et effondrement

Après quelques mois d'analyse, selon Edwige Encaoua, une patiente s'exprima en séance de la façon suivante :
- « Je n'arrive ni à penser ni à bouger comme si j'avais perdu une structure de base dont j'ai besoin en premier lieu pour pouvoir faire les choses… Je ne sais pas comment dire… Je sens que j'ai perdu quelque chose à l'intérieur de moi depuis quelques années.
- Comment pourriez-vous le nommer ?
- Je ne peux pas le nommer (silence)… quelque chose qui fait qu'on croit.
- Qui fait qu'on croit ?
- Oui… c'était énorme. Au bout d'une seconde, je l'avais cette chose, comme si j'avais enfin atteint mon idéal, comme si j'étais enfin moi-même, et puis, je l'ai perdue et je suis très étonnée, mais je n'arrive pas à la retrouver.[22] »
Heureusement, quelle que soit la perte, Jésus, le Dieu de l'impossible, te donnera la capacité nécessaire pour remonter le courant.

[22] www.psy.com

Chapitre 3

L'ingratitude

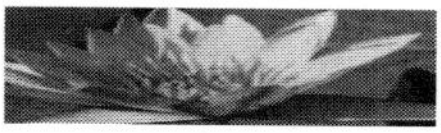

Caractère de ce qui est ingrat. Pour Henri Bénac[23], « c'est qu'on ne sait pas reconnaître ce qu'on doit à quelqu'un. » Ne pas se montrer reconnaissant envers son bienfaiteur. La Bible signale plusieurs cas d'ingratitude de l'homme envers l'homme, de l'homme envers Dieu. De qui recevons-nous les bienfaits ? Quel est le rôle de celui qui les reçoit ? « T*out ce que nous possédons vient de Dieu. Tout Lui appartient. Lui sommes-nous reconnaissants* ? » L'Éternel crée, mais « l'homme ne peut pas plus créer qu'anéantir[24] », déclare Vicomte de Bonald. C'est de Dieu que nous recevons les plus grands bienfaits. Donc, nous Lui devons notre reconnaissance. D'ailleurs, Il est la source de tous les biens.

Le trône de l'Éternel est dans le ciel, Lui qui a fondé la terre. Tout l'univers est l'œuvre de ses mains. Ne mérite-t-Il pas notre gratitude, notre adoration et nos louanges ? Le philosophe Cicéron ajoute : « La reconnaissance est l'une des plus grandes vertus et la mère de tous les autres[25]. » Si beaucoup d'hommes et de femmes ne manifestent aucune reconnaissance envers leur Créateur pour tous ses bienfaits, c'est parce qu'ils sont des ingrats. La Bible nous enseigne que durant le ministère de Jésus, une femme qui s'appelait Marie a témoigné de sa reconnaissance envers Lui en répandant sur les pieds du Sauveur un parfum de grand prix. Une action louable. Un geste sublime que le Seigneur a agréé de tout cœur malgré les interventions négatives de quelques disciples avares, égoïstes et hypocrites. Il s'en aperçut et leur dit « *Pourquoi faites-vous de la peine à cette femme,*

[23] Henri Bénac, *Dictionnaire des synonymes*, Paris, Éditions Hachette, 1982.
[24] Idem
[25] Idem

elle a fait une bonne action à mon égard. » (Matthieu 26.10.) Et à la réflexion de Judas Iscariot : « *pourquoi n'a-t-on pas vendu ce parfum trois cents deniers pour les donner aux pauvres.* » À cela le Maître réplique : « *vous avez toujours les pauvres avec vous, mais moi, vous ne m'avez pas toujours.* » (Voir Jean 12.3-8.) Quelle belle preuve de gratitude à l'endroit de son Sauveur ! En fait, quelle attitude de gratitude !

Doit-on continuer à faire du bien aux ingrats ?

Dans le récit de la guérison des dix lépreux, il est évident que les dix ont été guéris, mais un seul d'entre eux est revenu témoigner sa reconnaissance à Jésus. L'un des dix lépreux revint après sa guérison pour dire merci à Jésus qui l'interrogea ainsi : « *Où sont les autres, les dix ne sont-ils pas tous guéris ? Et les autres neuf, où sont-ils* ? » (Luc 17.17.) Dire merci est une redevance. Il savait déjà que neuf des dix lépreux n'allaient pas Lui témoigner leur reconnaissance. Toutefois, Il les guérissait tous. En réalité, nous devons suivre l'exemple de notre Frère aîné, car Il est bon pour celui qui est reconnaissant comme pour l'ingrat. Ainsi devons-nous continuer à faire du bien à celui qui est reconnaissant comme à celui qui ne l'est pas.

La reconnaissance de David envers l'un des fils de Jonathan

David montra de la reconnaissance envers Mephi-Bosheth, fils de Jonathan, son ami, parce que ce dernier avait pris sa défense quand Saül, le père de Jonathan, voulait le tuer. Finalement, Jonathan conclut un pacte avec David. Voulant se montrer reconnaissant en faisant du bien à un fils de Jonathan nommé Mephi-Bosheth, David lui dit : « *Sois sans crainte, car je veux te faire du bien à cause de Jonathan, ton père. Je te rendrai toutes les terres de Saül, ton grand père, et tu mangeras toujours à ma table.* » Mephi-Bosheth avait un jeune fils nommé Michée et tous ceux qui habitaient chez Tsiba étaient au service de Mephi-Bosheth. Il habitait à Jérusalem, et il mangeait à la table du roi. Il était boiteux des deux jambes. (Voir 2 Samuel 9.7.) Le psalmiste David l'a si bien reconnu qu'il nous invite dans le psaume 103 à bénir l'Éternel constamment : « *Mon âme, bénis l'Éternel! Que tout ce qui est en moi bénisse son saint nom ! Mon âme, bénis l'Éternel, Et n'oublie aucun de ses bienfaits! Bénissez l'Éternel, vous toutes ses œuvres, Dans tous les lieux de sa domination ! Mon âme, bénis l'Éternel.* » Faudra-t-il dire que la reconnaissance du roi David envers le fils de Jonathan, son ami nous émeut bien. Et pour témoigner notre gratitude, le psalmiste David nous suggère d'entrer dans la maison de l'Éternel avec reconnaissance et dans ses parvis avec des louanges parce que Dieu est bon à notre endroit. L'apôtre Paul lui-même exhorta les Colossiens à exprimer leur gratitude envers Dieu et envers leurs semblables. Cultiver l'habitude d'être reconnaissants. Franchement, l'ingratitude est une façon négative et autodestructrice de vivre. Confessez votre péché d'ingratitude envers Dieu et demandez-Lui pardon. Croyez de tout votre cœur que Dieu votre Père admirable fera jaillir du bien de chaque évènement. Pour cela il faut Le regarder avec foi, espérance et amour. (Romains 8.28.) L'Éternel a fait quelque chose de spécial pour vous, reconnaissez-Le donc, mon cher ami, avec gratitude, car Il le mérite bien. Soyez toujours reconnaissant envers le Dispensateur et Sustentateur de la vie. Dans le récit de l'emprisonnement de Joseph, la Bible rapporte avec clarté que l'échanson oublia les bienfaits de Joseph : « *Le grand échanson ne se souvint pas de Joseph. Il l'oublia.* » (Genèse 40.23.) Il est un fait indéniable que seule la grâce de Dieu nous fait éprouver de la gratitude. La Bible mentionne de fortes recommandations de Dieu à son peuple face à l'ingratitude : « *Quand le Seigneur, ton Dieu, te fera entrer dans le pays qu'Il a juré à tes pères, Abraham, Isaac et Jacob, de te donner, avec de grandes et bonnes villes que tu n'as pas bâties, des maisons pleines de toutes sortes de biens, que tu n'as pas remplies, des citernes creusées, que tu n'as pas creusées, des vignes et des oliviers que tu n'as pas plantés ; lorsque tu mangeras et que tu seras rassasié, garde-toi d'oublier le Seigneur, qui t'a fait sortir d'Egypte, de la maison des esclaves.* » (Deutéronome 6.11-12.) P. Gerhardt renchérit en s'exclamant :

« Mon âme, exaltons la gloire
de Dieu, notre Créateur,
Et conservons la mémoire.
De son insigne faveur[26]. »

- Avouons-le, le Dispensateur de la vie mérite bien notre reconnaissance. Toujours est-il que le sentiment de reconnaissance que vous et moi éprouvons et les démonstrations de redevance viennent, en effet, de Lui! Jaïrus demanda humblement à Jésus de guérir sa fille mourante. Il se rendit chez lui et ordonna à la jeune fille de se lever. Et elle revint à la vie. Oh ! la Bible nous révèle que les membres de la famille de Jaïrus étaient fort reconnaissants envers Jésus pour leur avoir rendu leur fille. (Voir Luc 8.40.)

---

[26] P. Gerhardt, *Hymnes et Louanges* n° 34, Dammarie-lès-Lys, Éditions Vie et Santé, 1983.

Il est prodigieux, notre Admirable Frère !

Dans son livre, «*Vers Jésus*», Ellen G. White exprime cette pensée : « Venons donc en présence du Seigneur avec respect, mais aussi avec joie pour Lui apporter nos actions de grâce et l'expression de notre reconnaissance[27]... » Et l'apôtre Pierre nous encourage à croître dans la grâce et la connaissance de notre Seigneur Jésus-Christ. Il est bon d'être reconnaissants. Dans sa lettre aux Colossiens, Paul, apôtre de Jésus-Christ les encouragea à être reconnaissants : « *Soyez reconnaissants.* » (Colossiens 3.15.) Malheureusement, le monde est hostile et ingrat. Jésus de Nazareth a fait tant de bien et cependant Il a été maltraité et crucifié. Attention ! N'abandonnez pas votre Dieu à cause des biens de ce monde. Ne faites pas comme les enfants d'Israël qui, après avoir été bénis par Dieu, se tournent vers les richesses et les plaisirs. Vous devez toujours donner la première place de votre cœur à Dieu et vous aurez sa paix et sa joie. Quoi qu'il en soit, le Très-Haut est bon pour les ingrats et les méchants. Quelle miséricorde de sa part ! Ne voulez-vous pas goûter à cette joie et à cette paix que donne le sentiment de reconnaissance ? Pourquoi dois-je être reconnaissant ? Tant de bienfaits... l'eau, l'air, le soleil, la nourriture, la santé, la famille, et les amis. Arrête-toi un moment et ajoute à cette liste les grâces que tu as reçues. Peux-tu compter les bénédictions du Seigneur à ton endroit ? Si tu ne peux pas, moi non plus, si tu peux, vas-y et bon courage :

1)
2)
3)
4)
5)
6)
7)
8)
9)
10)
11)
12)

Utilise d'autres feuilles de papier à lettres si c'est nécessaire pour les écrire. Que le Seigneur t'aide à avoir une vie pleine de gratitude ! C'est

[27] Ellen G. White, *Vers Jésus,* Idaho, Éditions Le Monde Français, 1961, pp. 104, 105.

l'apôtre Paul encore qui ajoute dans 1 Thessaloniciens 5. 18 : « *Rendez grâces en toutes choses, car c'est à votre égard la volonté de Dieu en Jésus-Christ.* » Présentement, je vous invite à chanter ses louanges, car Il est fidèle et son amour est infini. Soyez toujours reconnaissants dans les bonnes comme dans les mauvaises circonstances. Souriez un peu. Un visage renfrogné n'est pas du tout plaisant. Cessez d'être maussade et arrêtez cet air désagréable comme si Dieu n'a rien fait pour vous. Si les ressources financières sont importantes pour notre survie, je n'en disconviens pas, certes, mais elles ne peuvent pas garantir une excellente santé, nous procurer l'amour ni nous mettre en sécurité. Si votre semblable a été une grande aide pour vous, reconnaissez-le et dites-lui merci. Vous ne pouvez pas satisfaire vos désirs égoïstes et vous êtes triste jusqu'à devenir mécontent. Cessez de l'être et donnez gloire à Dieu. Car ce qui est réellement essentiel : c'est la vie éternelle.

Prière suggérée :

- O Dieu, mon Seigneur, je veux être toujours reconnaissant de tes faveurs, mais je réalise aussi que c'est toi seul qui peux mettre en moi le sentiment de reconnaissance et d'humilité. Je compte sur toi et je t'en supplie dans le doux nom de Jésus ! Amen.

Mais oui, c'est le sentiment de reconnaissance qui vous pousse à rendre gloire, honneur et louange à Jésus pour ses bienfaits, car sa grâce vous suffit ici-bas et dans le monde à venir. Jésus de Nazareth donne à qui le demande, le sentiment de reconnaissance et d'humilité !

Chapitre 4

Le découragement

D'après Henri Bénac[28] : « Le découragement est la perte de la force morale, qui s'accompagne de renoncement. » Évidemment, certaines circonstances le provoquent. Pour la psychologue Michelle Larivey, « Le découragement est un état d'esprit qui traduit l'incapacité à réussir quelque chose. Ce constat m'enlève le courage. Je juge que l'effort est trop grand pour le résultat escompté ou j'estime que le but est impossible à atteindre[29]. » C'est comme une maladie infectieuse et épidémique, je dirai même une peste qu'il faut éviter à tout prix. Une terrible peste nuisible qui réclame une éradication très efficace.

- Le découragement est un virus dont il faut se débarrasser. Attention ! au virus du découragement. Toutefois, si vous êtes découragé, je crois fermement qu'il y a toujours une issue de secours pour ceux qui espèrent en Jésus et qui s'accrochent à sa parole. En fait, les privations, les déceptions, les empêchements, les obstacles, les persécutions, les situations compliquées et difficiles de la vie nous créent pas mal de soucis, nous agressent quotidiennement et nous sommes plongés dans le découragement. C'est

---

[28] Henri Bénac, *Dictionnaire des Synonymes*, Paris, Éditions Hachette, 1982.
[29] Michelle Larivey, *La puissance des émotions*, Québec, Les Éditions de l'homme, 2002, p. 255.

pourquoi par le truchement du prophète Ésaïe, le Seigneur commande : « *Le serviteur du Seigneur ne se découragera point et ne se relâchera point, jusqu'à ce qu'Il ait établi la justice sur la terre et que les îles espèrent en sa loi.* » (Ésaïe 42.4.) Le découragement est le lot de chacun. Néanmoins la parole de Dieu nous enseigne à éviter toute parole de découragement et d'incrédulité. D'autant plus que nous aurons toujours des situations difficiles qui incitent au découragement jusqu'à la fin de notre « pèlerinage. » Les serviteurs de Dieu y compris notre Maître l'ont connu aussi.

- Le découragement est un agent démoralisateur. N'oubliez pas que le découragement est l'arme de prédilection de l'ennemi de nos âmes. Faites confiance à Dieu et ne vous laissez pas sombrer dans le découragement. Ayons foi en Celui qui peut nous fortifier dans les moments de détresse, car « *Dieu n'est point un homme pour mentir, ni fils d'un homme pour se repentir.* » (Nombres 23.19a.) Dégoûté jusqu'au désespoir ? Allez à Jésus et remettez-Lui vos fardeaux. Il vous aidera à remonter la pente du découragement. Référez-vous à Lui et dites : « Ayez pitié, Seigneur, car je suis découragé. » Et vous trouverez du courage en Jésus, et la force de se mettre à agir ; la preuve, sa grâce vous suffit. Notre Ami divin a connu aussi le découragement, mais Il en est sorti victorieux. C'est pourquoi, vous devez fixer vos regards sur Jésus-Christ si vous voulez vaincre le découragement.

Le découragement de Noé

Noé aussi, homme intègre, a connu le découragement en dépit de sa grande foi. Mais il a obéi aux ordres de Dieu jusqu'au jour où il entra dans l'arche. Durant la construction de l'arche, on s'est moqué de lui. Il ne s'est pas laissé décourager. Il exécuta tout ce que Dieu lui avait ordonné. Il est allé jusqu'au bout et il a trouvé grâce aux yeux de Dieu. (Voir Genèse 6.) C'est bien possible qu'en cet instant même où tu lis cet ouvrage tu sois en proie au découragement par manque de compréhension de ton époux ou de ton épouse, de ta fille ou de ton fils, d'un collègue, d'un voisin ou de ton ami… Tu ne sais pas où commencer pour résoudre un problème épineux qui te tracasse, ou simplement rien ne va plus pour toi dans cette vie et tu es désespéré. Tu penses même au suicide. Oh, non ! Arrêtez ! ton Admirable conseiller est là, bien présent. Jérémie, le poète douloureux des Lamentations exprime à la fois stupeur et affliction : « *Quand je pense à ma détresse et ma misère. À l'absinthe et au poison ; quand mon âme s'en souvient. Elle est abattue au-dedans de moi. Voici ce que je veux repasser en mon cœur, ce qui me donnera de l'espérance. Les bontés de l'Éternel ne sont pas épuisées. Ses compassions ne sont pas à leur terme ; Elles se renouvellent chaque matin.»* Lamentations (3.19-22.) En effet, la bienveillance et l'amour de Dieu sont évidents. D'ailleurs, l'amour qu'Il témoigne pour toi ne connaît ni lassitude ni manquement.

- Que te reste-t-il donc à faire ? Sinon d'aller à Jésus de Nazareth ! Le Dieu vivant a promis son secours. Il te fortifiera. Évite de te laisser influencer par des pessimistes et par leurs paroles de découragement parce que le découragement est un virus contagieux et destructif. Et c'est La Rochefoucauld qui écrit : « Le découragement est la mort morale[30]. »

On n'a qu'à vérifier pour confirmer que les saintes Écritures regorgent d'histoires d'hommes de Dieu qui ont connu des moments de découragement et de désespoir, nous citerons : Abraham, Moïse, David, Élie, Anne, Jérémie et tant d'autres. Mais ils savaient mettre leur confiance en Dieu. Assurément, le Sauveur fidèle a le remède qu'il faut pour détruire ce virus, d'ailleurs, Il répond à tous nos besoins et promet de tout changer. Et selon l'auteur de l'épître aux Hébreux : « … *afin que vous ne vous lassiez point, l'âme découragée.* » (Hébreux 12.3b.) Car en toutes choses, Dieu œuvre pour le bien-être de ceux qui l'aiment. Néanmoins, si le découragement afflige souvent, Jésus délivre toujours. Lisez le récit d'Élie, prophète de l'Éternel, et celui de Josaphat, roi du royaume de Juda, pour votre édification : 1 Rois 19 rapporte que le prophète Élie était chargé par Dieu de ramener vers Lui le peuple égaré. Mission quasi impossible pour le prophète Élie qui a dû fuir dans le désert parce que Jézabel, la femme de Achab, roi du royaume d'Israel, lui en voulait. Affaissé et affligé, ne déclare-t-il pas : « *Cela suffit, Seigneur, prends ma vie !* ». Magnifiquement, Dieu avait fait éclater sa puissance en face des idoles de Jézabel et Il a délivré Elie, son serviteur. Tout comme dans 2 Chroniques 20, le roi Josaphat accablé et découragé devant une multitude qui s'apprêtait à lui faire la guerre, Jachaziel (prophète de l'Éternel) dit : « *Prêtez attention, vous tous, Juda et habitants de Jérusalem, et toi, Roi Josaphat ! Ainsi vous parle le Seigneur : N'ayez pas peur, ne soyez pas terrifiés par cette grande multitude, car ce n'est pas votre combat, mais celui de l'Éternel.* » Le prophète Jachaziel et le roi Josaphat placèrent une grande chorale à la tête de l'armée qui louait l'Éternel et ils invoquèrent le Tout-Puissant. Une action louable de la part du roi. Preuve que louer Dieu en toutes circonstances est l'approche congrue. L'Éternel intervint et les ennemis du roi furent tous battus. Le roi Josaphat et

---

[30] Henri Bénac, *Dictionnaire des synonymes*, Paris, Éditions Hachette, 1982.

tous les hommes de Juda retournèrent joyeux chez eux, car l'Éternel les avait délivrés. Aujourd'hui, Il peut en faire autant pour vous et… davantage selon sa générosité. Car Il n'a pas changé et ne changera pas. (Voir 1 Chroniques 20.13-17.) Vous êtes appelé à chasser les ténèbres épaisses du découragement et de la peur par la prière. En effet, la présence du Consolateur adoucit les douleurs, donne du courage et fait naître une douce joie dans notre cœur ici-bas et dans le monde à venir, car la grâce de Jésus au quotidien nous suffit. Le découragement est la semence de l'ennemi. Sachez-le bien, le découragement vient du malin, le diable. La prière doit être la première démarche du découragé. Anne, servante de l'Éternel, stérile, triste et découragée se rendit au temple pour rencontrer son Dieu : « *Et, l'amertume dans l'âme, se mit à prier le Seigneur et pleura abondamment. Et Dieu eut pitié d'elle.* » (1 Samuel 1.10.) Il est un fait indéniable que le découragement peut vous faire douter de l'amour de Dieu et vous éloigner de sa divine présence. On se décourage souvent devant les obstacles qui semblent vraiment insurmontables, et c'est humain. Dans l'une de ses poésies chantées, P. Farel[31] donne gloire et louange à Dieu qui fortifie, qui soutient et qui met dans notre cœur cette belle espérance bénie qui nous fait tant de bien quand certaines circonstances de la vie nous jettent dans un profond abattement :

« La nuit aura bientôt disparu, le jour naît ;
Là-bas, à l'horizon notre port apparaît.
Bientôt nous toucherons au terme du voyage.
Matelots, penchons-nous sur nos rames, courage !
Mais voici du matin le lever radieux ;
Les ombres de la nuit s'effacent dans les cieux,
Tout danger est passé ; notre course est finie.
Gloire et louange soient à Dieu, qui l'a bénie. »

La Bible rapporte que Paul et Silas emprisonnés, ont combattu le virus du découragement par la prière et la louange : en prison, « *Paul et Silas priaient et chantaient les louanges de Dieu, et les prisonniers les écoutaient.* » Étrange enceinte pour une réunion d'évangélisation. Même après avoir été roués de coups, ils ne cessèrent de bénir le nom de l'Éternel. Quel modèle de courage ! Quelle belle preuve de foi ! Ils chantent des cantiques en pleine nuit malgré leurs liens et leurs souffrances et vous connaissez la suite... Eh

---

[31] P. Farel, *Hymnes et Louanges* nº 401, Dammarie-lès-Lys, Éditions Vie et Santé, 1983.

bien ! le Seigneur secoua les assises de la prison par un séisme qui les délivra tous. Éprouvés, certes, mais secourus par le Maître. Le découragement est vaincu. Alléluia ! (Voir Actes des Apôtres 16. 16-34.)

L'encouragement du Seigneur

Il nous encourage et nous soutient quand nous sommes plongés dans le découragement. Le psalmiste nous exhorte à faire des vœux à l'Éternel et à les accomplir parce que Dieu est capable de fortifier notre âme languissante, attristée et découragée. D'autant plus que, nul ne peut résister au Dieu redoutable, et, qui oserait ? Les obstacles, les empêchements, les préoccupations et les difficultés de la vie vous envahissent et vous êtes atterré, consterné, découragé et désespéré, je vous invite à vous focaliser sur la puissance de votre Chef. Allez maintenant même à la Source, Il vous redonnera la force et la vigueur, car Il peut compatir à votre situation. Il est un fait indéniable que notre Seigneur a un médicament très efficace contre le virus du découragement Ce médicament redoutable est un bouclier ; pour utiliser une expression d'Albert Camus, il est « comme un sérum efficace », très puissant, à user dans les cas désespérés. Vous trouverez ce genre de sérum seulement au supermarché de Jésus, là où rien ne manque. On y trouve vraiment de tout. On trouvera avantageusement un ami puissant en Jésus. N'est-Il pas Tout-Puissant ? Le moins que vous puissiez faire, c'est d'aller donc à Lui et vous reviendrez « soulagé ou guéri » ! Seul Lui peut ranimer votre courage. Se confier en Jésus est la seule source d'espérance qui ne sera jamais détruite. Se confier en Lui, c'est la vie éternelle.

Dans psaume 116, le psalmiste David se questionne à ce sujet : « *Comment rendrai-je à l'Éternel tous ses bienfaits envers moi* ? » Il répondit ainsi à sa question : « *J'élèverai la coupe de délivrances et j'invoquerai le nom de l'Éternel ; j'accomplirai mes vœux envers l'Éternel en présence de tout son peuple.* » Que pouvons-nous rétribuer à Dieu pour tous ses bienfaits envers nous ? En fait, nous ne pourrons jamais répondre à Dieu pour toutes ses merveilles accomplies envers nous.

Prière suggérée :

Aide-moi Seigneur Dieu à supporter les inconvénients et les imprévus de la vie. Mets ta force dans ma faiblesse. Que tu me soutiennes dans mes moments de découragement. Je t'en prie, au nom de Jésus, Amen !

Ainsi donc, je te laisse en t'invitant à faire de l'Homme de Galilée ton compagnon et ton passeport. Il a déjà fait ses preuves de bonté et de fidélité ! Même si tu es lassé, découragé, rempli de tristesse ; Jésus ouvre toujours son cœur à ta voix qui crie au secours dans le désert aride du découragement. Oui, sa grâce te suffit ici-bas et dans le monde à venir parce qu'Il t'aime énormément. Jésus de Nazareth peut nous rendre forts et vigoureux au cœur des épreuves pour faire échec au découragement !

« Et maintenant qu'il s'agit de toi, tu te lasses ! »

(Job 4.5.).

Non, mon ami, chassez le découragement
par la prière et la méditation. Suivez l'exemple
de Jésus et ne sombrez pas dans le découragement.
Demeurez attaché au cep et laissez pénétrer sa douce
grâce en vous et vous aurez la victoire !

Chapitre 5

La force

La force, « considérée comme attribut d'un individu, c'est le pouvoir, la faculté d'agir puissamment[32]. » La force est une puissance. Il existe plusieurs types de forces ; nous voulons parler de la puissance, du pouvoir. C'est la Bible qui dit : « *Toute puissance vient de Dieu.* » La force, la richesse, la beauté et la puissance sont à Dieu, le Créateur de l'univers. Les forces naturelles et surnaturelles sont à Dieu, le Créateur. C'est de Lui que vient toute autorité et toute puissance. La force appartient à Dieu et à Lui seul. Il n'existe aucune situation que Dieu ne puisse maîtriser et gérer. La force est en Christ. Le prophète Nahum déclare : « *L'Éternel est lent à la colère, Il est grand par sa force.* » (Nahum 1.3.) L'auteur du Psaume 93 décrit bien cette puissance : « *L'Éternel est ceint de force* » (Psaumes 93. 1).

Un auteur définit ainsi la force : « La force est physique et spirituelle. Elle est le bras de Dieu. » Jacob apprit que la force de l'homme et la volonté de la chair sont en opposition à Dieu. Il n'y a pas d'autre force que celle de Dieu. Souvent vaincu par ses semblables et douloureusement touché par les circonstances et les difficultés de la vie, Jacob a fait preuve d'une discipline rare qui le conduisit à remporter la victoire avec son Dieu. Quant au roi David, il bénit l'Éternel pour sa force en présence de toute l'assemblée : « *Béni sois-tu, d'éternité en éternité, Éternel, Dieu de notre père Israël. À toi, Éternel, la grandeur, la force et la magnificence, l'éternité et la gloire, car tout ce qui est au ciel et sur la terre t'appartient ; à toi, Éternel, le règne,*

---

[32] P. Robert et A. Rey, *Dictionnaire alphabétique et analogique de la langue française*, Paris, Édition 2006.

car tu t'élèves souverainement au-dessus de tout ! *C'est de toi que viennent la richesse et la gloire, c'est toi qui domines sur tout, c'est dans ta main que sont la force et la puissance, et c'est ta main qui a le pouvoir d'agrandir et d'affermir toutes choses.* » (1 Chroniques 29.10-12.) Si votre force vous abandonne, tournez-vous vers Celui qui est capable de vous remettre en forme. Oui, Dieu domine tout par sa force. Il est Tout-Puissant. Qui peut s'opposer à ses desseins ? Car la force est son principal attribut.

Mais alors, où peut-on trouver la véritable sécurité et la force qu'il faut pour combattre et vaincre l'ennemi implacable ?

Elle se trouve en Dieu seul ! La force de Jésus se trouve en Dieu. Le roi David reconnaît que la force est à Dieu seul et il est tranquille auprès de Lui. Effectivement, la force est en Jésus. Il l'offre et nous la donne si nous la Lui demandons. Pour moi, ce qui est ma force, c'est ma confiance en Jésus. Rassurez-vous, il n'y a aucun danger, car Jésus est plus fort que les puissances du mal. Vous aussi, voulez-vous vous confier en Lui ? Car avec Jésus on est fort, on est vainqueur et on est en sécurité. Seul Lui peut vaincre le malin, l'ennemi implacable, Satan, le diable parce que la force est en Christ. Il est venu au milieu de nous « *… dans la plénitude de sa force.* » (Ésaïe 63.1.) Nous ne trouvons de force et de sécurité qu'en Dieu. Jésus fondait sa sécurité sur Dieu. Il rencontrait sa force et la sécurité terrestre en accomplissant la volonté de son Père.

La naissance de Samson, une autre preuve de la force de Dieu

Alors que les enfants d'Israël firent ce qui déplait à l'Éternel, il les livra entre les mains des Philistins, pendant quarante ans. Selon la Bible, l'ange de l'Éternel apparut à la femme de Manoach qui était stérile, et lui dit : « *Voici, tu es stérile, et tu n'as point d'enfants ; tu deviendras enceinte, et tu enfanteras un fils. Maintenant prends bien garde, ne bois ni vin ni liqueur forte, et ne mange rien d'impur.* » (Juges 13.3, 4.) Samson avait une force de lion. En fait, d'où lui vient cette force ? Dans Juges 16, il est écrit : « *Et l'on ne connut point d'où venait sa force.* » Il était l'un des héros de la foi né pour délivrer les Israélites de l'oppression des Philistins. Il était une figure de Jésus, le Dieu des délivrances. Mais son alliance avec les filles des Philistins lui causa beaucoup de malheurs. Et l'Esprit de Dieu s'était retiré de lui.

Samson se venge et meurt. (Courtesy of The Bible for Students.)

Au verset 21 du chapitre 16 du livre des Juges, lisez la fin du récit de Samson : « *Les Philistins le saisirent, et lui crevèrent les yeux ; ils le firent descendre à Gaza, et le lièrent avec des chaînes d'airain. Il tournait la meule dans la prison.* » Les Philistins crevèrent les yeux de Samson après l'avoir capturé. Ce dernier tournait la meule dans la prison. Pendant que les Philistins s'assemblèrent dans le temple pour offrir un grand sacrifice à Dagon, leur dieu et pour se réjouir, ils demandèrent d'amener Samson pour leur divertissement. Ils placèrent Samson entre les deux colonnes principales du temple. Samson invoqua l'Éternel et dit : « *Seigneur Éternel ! Souviens-toi de moi, je te prie ; ô Dieu ! Donne-moi de la force seulement cette fois-ci, et que d'un seul coup je tire vengeance des Philistins pour mes deux yeux.* » Dieu l'a exaucé, mais Samson avait désobéi en choisissant Dalila, l'une des filles des Philistins pour épouse, ce qui lui coûta ses deux yeux et finalement sa vie. Il fit périr à sa mort dans le temple de Dagon beaucoup plus d'hommes qu'il n'avait jamais tués dans sa vie. (Voir Juges 16.)

Se confier en Dieu et attendre le matin

Si les soucis, les déceptions et les péripéties de la vie vous rendent faibles, Jésus vous dit aujourd'hui : « *Je donne de la force à celui qui est fatigué.* » (Ésaie 40.29.) Et F. Bourloz[33] nous rassure des paroles d'un Sauveur aimant : « Je veux vous rendre heureux ; Laissez-moi tout conduire. Si je vous prends pour mes enfants, Rien ne pourra vous nuire. » Comme pour Daniel, le même Dieu qui l'a fortifié et qui a permis que son serviteur reprenne force et vigueur est capable de le faire aussi pour vous. Simplement, je crois que vous n'avez qu'à Lui faire confiance !

Encore Paul, l'apôtre des incirconcis, dans sa lettre aux Éphésiens encourage ces derniers à se fortifier en Jésus, seule source viable de force et de puissance : « *Au reste, fortifiez-vous dans le Seigneur par sa force toute puissante.* » (Éphésiens 6. 10.) Quant à David, dans le psaume 18, après que l'Éternel l'eut délivré de la main de tous ses ennemis et de la main de Saul, il affirma sans ambages : « *C'est l'Éternel qui me ceint de force dans le combat.* » Que sa force te délivre ! La force est la vie et la lumière de Dieu. Pendant la nuit, Dieu vous revigore. Le matin, Il insuffle la force en vous. Et sa force est compassion, miséricorde, joie et paix, toute une kyrielle de bénédictions. Dans vos maladies et vos déboires, c'est bien Dieu qui vous

[33] F. Bourloz, *Hymnes et Louanges* nº 383, Dammarie-lès-Lys, Éditions Vie et Santé, 1983.

donne autant de force pour continuer la lutte quotidienne. Sans mentionner le soleil, la lune, l'oxygène et autres éléments essentiels pour assurer votre survie. Tant de bienfaits de Dieu vous sont visibles. Il arrive bien que vous vous sentez faibles et vous murmurez… pourtant la force de Dieu est en vous parce qu'Il est à vos côtés. Si vous n'êtes que faiblesse, avec Jésus vous pouvez être fort. C'est ce qui nous pousse à dire vraiment que la force suprême de Dieu soutient et dirige tout l'univers comme la promesse Suprême du retour du Seigneur anime notre foi. C'est dans la plénitude de sa force que Jésus est ressuscité. Cette même force ressuscitera les morts soit pour la vie éternelle soit pour la mort éternelle. (Voir 1 Corinthiens 15.)

- En fin de compte, convenons donc que la force de Dieu est une puissance. C'est cette puissance qui a fait sortir le Rédempteur du tombeau, parce que c'est de Lui que vient la vie. Et cette même force fera monter de la poussière les morts en Christ vers Dieu parce qu'elle est très puissante, plus puissante que l'attraction du courant électrique, et plus puissante que l'ouragan ou le vent impétueux. C'est ce qui explique la puissance de l'évangile qui sauve et délivre. Ainsi vivrez-vous éternellement si vous restez attaché à votre Sauveur aimant et bienveillant parce que la force est en Lui et Sa force est éternelle ! Voyons, Jésus vous aime et Il est là pour vous délivrer et vous raffermir dans votre faiblesse ! Le roi David témoigne avec assurance la force de son Dieu quand il déclare : « *Lève-toi, Éternel, avec ta force.* » (Psaume 21.14.)

Prière suggérée :

Mon Seigneur et mon Dieu, je te supplie de m'accompagner dans mon pèlerinage. Pardonne mes péchés et mets donc ta force dans ma faiblesse. Au nom de Jésus.

- Avec Jésus, c'est la sécurité, la force, le courage et la victoire dont vous avez tant besoin pour mener le saint combat. Sa grâce vous suffit ici-bas et dans le monde à venir, car la force est en Christ. Il offre et donne la victoire à ceux qui l'aiment, car la vraie force est en Lui !

« *Souvenez-vous de ce qui s'est passé dès les temps anciens ;*

car Je suis Dieu, et il n'y en a pas d'autre, Je suis Dieu,

et nul n'est semblable à moi. J'annonce dès le commencement

ce qui doit arriver, Et longtemps d'avance ce qui n'est pas

encore accompli ; Je dis : Mes arrêts subsisteront,

Et J'exécuterai toute ma volonté », dit l'Éternel.

(Ésaïe 46.9, 10.)

« **A**u Dieu qui vous conduit, mortels, rendez hommages[34]. »

[34] Louis, Racine

Chapitre 6

La tentation et Le secours

La tentation : « est le fait d'être attiré par des choses défendues qui sont contraires à la loi religieuse, morale et physiologique[35]. » Henri Bénac définit ainsi le secours : « le secours est le besoin nécessaire pour sortir d'une dangereuse situation. Il implique ce qu'on donne à quelqu'un pour l'aider. L'appui d'un être supérieur et puissant[36]. »

Ah ! oui, de tout temps, l'homme est soumis à diverses tentations, intérieures et extérieures. La tentation nous guette chaque jour et notre sort n'est pas différent de celui de nos premiers parents. Nous sommes quotidiennement exposés aux dangers de la tentation. Le diable cherche constamment à nous faire tomber et nous sommes impuissants devant le danger de la tentation. En fait, même notre Seigneur n'était pas exempt de la tentation du diable tout au long de son ministère d'amour. Il faut comprendre que nous sommes tous sujets à la tentation. À vrai dire, la tentation est agréable et désirable, elle fascine bien tout le monde et, qui peut l'éviter ? Évidemment, seul Jésus de Nazareth peut mettre en nous le désir et la force de résister aux tentations. Vous vous souvenez de l'histoire du roi David qui a été séduit par la femme d'Urie. Encore le psalmiste David sur « la harpe à huit cordes » témoigne dans psaume 121 que c'est de Dieu que

[35] P. Robert et A. Rey, *Dictionnaire alphabétique et analogique de la langue française*, Paris, Édition 2006.
[36] Henri Bénac, *Dictionnaire des synonymes*, Paris, Éditions Hachette, 1982.

vient le secours quand le danger le guette : « *Je lève les yeux vers les montagnes…D'où me viendra le secours ? Le secours me vient de l'Éternel qui a fait les cieux et la terre.* » Mais à nous aussi de fuir loin des pistes piégeuses de l'adversaire. Apprenez de David et tirez donc une leçon de son expérience. L'ennemi vous harcèle sans cesse de ses tentations ? Quotidiennement confronté à des tentations ? Votre issue de secours est *Jésus, le Grand Guérisseur.*

Tentations intérieure et extérieure

Pour André Georges, il y a la tentation « intérieure » et la tentation « extérieure ». « À proprement parler, la convoitise préexiste à l'incitation à pécher ; la tentation offre un objet, vers lequel la vieille nature, amorcée, se porte, parce qu'elle était prête à cela. La convoitise est ainsi comme le point d'impact de la tentation ; elle est génératrice de péchés effectifs sous l'effet de tentations ». C'est la tentation intérieure.

C'est encore André Georges qui dit : « À travers toutes les circonstances adverses de sa vie, que de fois David a fait cette expérience soulignée au psaume 144.1, 2 « *L'Éternel, mon rocher... ma bonté et mon lieu fort, ma haute retraite et Celui qui me délivre, mon bouclier et Celui en qui je me réfugie* ». Mais quand David a suivi l'impulsion de son propre cœur, il s'est réfugié à Gath chez Akish (1 Samuel 27.1-2.). Plus tard, alors qu'il se promenait sur le toit de sa maison, un regard de convoitise l'a entraîné dans un mal affreux (2 Samuel 1.). Par contre, aussi longtemps qu'il marchait avec Dieu, malgré les nombreux assauts de l'ennemi… dans sa jeunesse lorsqu'il était poursuivi par Saül ; durant son règne, assailli par bien des adversaires… il a fait l'expérience de cette puissance divine qui délivre. C'est la tentation extérieure[37]. » Par ailleurs, Jacques, l'un des apôtres des circoncis, énonce avec clarté la position de Dieu face à la tentation : « *Que personne, lorsqu'il est tenté, ne dise : C'est Dieu qui me tente. Car Dieu ne peut être tenté par le mal, et Il ne tente Lui-même personne. Mais chacun est tenté quand il est attiré et amorcé par sa propre convoitise. Puis la convoitise, lorsqu'elle a conçu, enfante le péché ; et le péché, étant consommé, produit la mort.* » (Jacques 1.15.) La tentation est un tyran qui n'épargne personne : pauvre ou riche, noir ou blanc, païen ou chrétien, fort ou faible, etc. Nul n'en est exempt. Et face à ce danger, où trouver la force de résister ? La tentation vient-elle de Dieu ? Non, elle ne vient pas de Lui comme a dit

[37] www.redpsy.com

l'apôtre Jacques, notre Seigneur Jésus a connu aussi la tentation et Il avait besoin de la force d'En-Haut pour résister. C'est la raison pour laquelle le Maître priait sans cesse en vue de trouver la force pour faire face à la tentation. Il en est de même pour vous et pour moi, et devant la tentation nous devons recourir à la prière. En effet, la prière est l'unique recours face aux désirs immodérés.

L'ennemi a tenté et séduit Ève

La Bible décrit la tentation d'Adam et Ève : « *La femme vit que l'arbre était bon à manger et agréable à la vue, et qu'il était précieux pour ouvrir l'intelligence ; elle prit de son fruit, et en mangea ; elle en donna aussi à son mari, qui était auprès d'elle, et il en mangea.* » (Genèse 3. 6.) Le Seigneur vous donnera la capacité de résister aux tentations. Et si « *le diable viendra sur vous comme un fleuve, l'Esprit du Seigneur le mettra en fuite.* » (Ésaïe 59. 19.) Par la voix de l'apôtre Jacques, notre Frère aîné s'adressa à nous de cette manière : « *Soumettez-vous à Dieu, résistez au diable et il fuira loin de vous.* » (Jacques 4.7.)

- Oui, pour l'apôtre Jacques, avec la prière, l'ennemi devra fuir loin de vous ! Jésus a su résister, mais Ève a failli parce qu'elle crut au mensonge de Satan. C'est G. André qui écrivit : « Soulignons encore une fois, combien il est dangereux de se rendre là où l'on entre en tentation. Ne pensons jamais : cela ne me fera point de mal ; souvenons-nous de l'avertissement du divin Docteur: "*L'esprit est prompt, mais la chair est faible.*" Évitons l'ambiance qui ne peut que conduire à une chute, et à une chute parfois bien grave[38]. »

L'ennemi a osé tenter Jésus, le Seigneur

L'évangéliste Marc expose la tentation du Seigneur et la met en relief: « *L'Esprit poussa Jésus dans le désert, où Il passa quarante jours, tenté par Satan. Il était avec les bêtes sauvages, et les anges le servaient.* » (Marc 1. 13.) Jésus, le Fils de Dieu fut assailli par de fortes et cruelles tentations par le même tentateur. Dieu soit loué ! Christ a vaincu l'ennemi. Si vous et moi ne prenions Christ pour refuge, nous connaîtrions bien des déboires. Car avec Sa victoire, vous êtes aussi un vainqueur ! Ne prêtez pas l'oreille au tentateur. Adam céda à la tentation, mais Christ résista.

---

[38] G. André, *Pierre et son Maître*, France, La bonne semence, 1985, p. 40.

La tentation de Joseph

Joseph a été tenté par la femme de Potiphar qui saisit son vêtement et lui dit *: « Couche avec moi! Il lui laissa son vêtement dans la main, et s'enfuit au dehors.* » (Genèse 39.12.) Joseph s'enfuit loin de la tentation en laissant même son habit. Il a su prendre ses jambes à son cou avec « la prestesse d'une fouine » pour se dégager de l'étreinte de la femme de Potiphar. Dieu a la capacité de vous aider à résister aux tentations si vous êtes disposé à fuir comme Joseph le mal qui vous tente et vous séduit. Ainsi parle l'Éternel : « *Parce que tu as gardé la parole de la persévérance en moi, je te garderai aussi à l'heure de la tentation qui va venir sur le monde entier, pour éprouver les habitants de la terre.* » (Apocalypse 3.10.)

Le danger de la tentation

Le danger de la tentation, c'est qu'elle prend souvent la forme du plaisir, de la concupiscence, de la richesse facile, corruption déguisée, de quelque chose de très agréable à la vue ou au sens ou une aubaine alléchante et c'est l'une des tactiques préférées de Satan depuis les jours de nos premiers parents (Adam et Ève) jusqu'à notre époque. Jésus Lui-même avait été tenté par l'ennemi (le tentateur). « *Si tu es le Fils de Dieu ordonne que ces pierres deviennent des pains.* » (Matthieu 4.3.) Mais Il avait eu le dessus sur l'adversaire en prononçant les paroles citées au Deutéronome 8. 3. « … *l'homme ne vit pas seulement de pain, mais de tout ce qui sort de la bouche du Seigneur.* » Donc, il n'est pas autrement pour nous. Car ces mêmes paroles sont à notre disposition pour servir tantôt d'épée tantôt de bouclier.

Si votre vie est menacée, je vous donne la garantie que le Père compatissant de notre Frère bienveillant est vivant, Il est d'un grand secours pour des gens comme vous et moi. On peut, en vérité, toujours compter sur le Père secourable en cas de besoin. Tout au long de notre vie, nous sommes confrontés à diverses tentations, intérieures et extérieures, sans oublier la tentation ou convoitise sexuelle. Ce dont on ne parle pas souvent, pourtant on la vit au quotidien. Notre attention, nos oreilles et nos yeux sont très sollicités par les publicités à la radio, des images présentées à la télévision, dans les films, dans les catalogues, dans les magazines, dans les journaux, dans le métro, dans le bus et sur tous nos parcours. La musique aussi s'en mêle. Et l'Internet, ce mal nécessaire que j'avais prédit en tant qu'étudiant en science et technologie dès son apparition au niveau universitaire. On est bombardé par des scènes pornographiques et pédophiliques partout qui troublent sérieusement notre relation avec le Rédempteur adorable et nos enfants en deviennent d'innocentes victimes. Tout simplement, hélas ! N'est-ce pas bien les réalités du présent, les voies de l'homme et les défis de l'avenir ? L'avenir même de notre humanité est sérieusement menacé parce que la tentation sexuelle est déjà trop forte pour nous adultes, voire pire pour nos enfants. En fait, les mauvais exemples fourvoient les jeunes gens et les jeunes filles. Qui est responsable ? Sans nul doute, c'est l'œuvre de l'ennemi de nos âmes.

Le secours de Jésus dans la tentation

En ces temps troublés, nous avons besoin que Dieu se révèle à nous, c'est plutôt le mal qui se révèle à nous par de fortes tentations. Dieu soit loué ! Jésus est disposé à nous aider à vaincre la tentation, à nous instruire dans ses voies et nous fait cheminer dans la vérité parce qu'Il veut notre salut. Dans le livre d' Ésaïe, Dieu commande : « *L'Éternel m'intima l'ordre de ne pas suivre la voie de ce peuple.* » (Ésaïe 8.11.) Êtes-vous sur la pente de la tentation ? Où trouver de l'aide, du secours ? Une seule force nous permet de surmonter la tentation : Jésus de Nazareth. Accrochez-vous à Lui et mettez votre espoir en Lui. Ne succombez pas à la voix charmante du tentateur ni « aux pièges destructeurs » qu'il cache sous vos pas. Cachez-vous en Jésus, le Grand Vainqueur. Puisque Lui-même a été tenté sans commettre de péché, Il fait la promesse de son secours à tous ceux qui sont tentés. N'a-t-Il pas dit : « *Ne crains rien, Je viens à ton secours.* » (Ésaïe 41.13.) Croyez-vous aujourd'hui que Christ peut vous accorder la force de vaincre les tentations ? Évidemment, car Il a su résister à de nombreuses tentations.

Oui, si vous faites sa volonté, vous pouvez compter sur son secours avec assurance. Luttez, priez, endurez la tentation pour le Christ et vous connaîtrez la victoire selon sa promesse. Résistez aux tentations intérieures et extérieures sachant qu'elles impliquent beaucoup de souffrances, mais Dieu vous donnera de la force pour vaincre et vous aidera à triompher si c'est là votre désir. En effet, l'apôtre Paul nous exhorte à nous référer à la parole du Seigneur, le seul recours pour celui qui est tenté. C'est ce que nous lisons dans le livre des Actes des Apôtres 26.22 : « *Grâce au secours de Dieu, j'ai subsisté jusqu'à ce jour.* » Il est vrai qu'il y a des tentations irrésistibles, mais si vous vous reposez sur Lui, Il vous donnera la force nécessaire pour repousser chaque tentation.

Attention ! Le tentateur est rusé et séduisant mais par ailleurs, avec Jésus, lors même que tu entends sa voix charmante sur ton chemin, ton faible coeur ne fléchira pas à sa puissance séductrice. Ainsi donc, on avance d'un pas ferme, serein, confiant, victorieux et joyeux en Jésus. C'est l'apôtre Paul qui dit : « *Aucune tentation ne vous est survenue qui n'ait été humaine ; or Dieu est digne de confiance : Il ne permettra pas que vous soyez mis à l'épreuve au-delà de vos forces ; avec la tentation Il ménagera aussi une issue, pour que vous puissiez la supporter* » (1 Corinthiens 10.13.).

Prière suggérée :

Préserve-moi, oh ! Seigneur Dieu de toute tentation et donne-moi la force d'y résister et de ne pas y succomber. Je t'en prie, au nom de Jésus, viens à mon secours ! Amen.

Si vous demandez à Dieu la force de résister aux charmes séduisants et aux offres alléchantes et décevantes de l'ennemi, certainement, Il vous l'accor-dera. Oui, cher ami lecteur, recherchez toujours le concours Divin.

- Avec Jésus, c'est la force et c'est en Lui que réside le secours parfait et suprême pour toute âme soumise à la tentation. Dans le danger de la tentation, regardez-Le parce qu'Il est pour vous un refuge et un appui, et sa grâce vous suffit ici-bas et dans le monde à venir.

Jésus de Nazareth, donne de la force aux âmes faibles, aux âmes tentées et aux âmes découragées.

Au commencement tout était très bon, mais l'orgueil, la jalousie, la rébellion creusent des abîmes profonds dans notre vie, nous séparent de Dieu et nous font souffrir amèrement. Ce qu'il nous faut aujourd'hui c'est l'humilité, la modestie, l'esprit de pardon, le sentiment d'amour, de paix, et d'union en Jésus, notre Sauveur et notre Bienfaiteur. Oui, mon ami, en dépit de notre révolte, Dieu intervient toujours dans nos détresses avec miséricorde, bonté et compassion soit pour nous guérir ou pour nous soutenir !

Oh ! tant de souffrances, tant de chutes,

tant de luttes vaines, tant de déceptions !

Vaut-il bien la peine de suivre Jésus

sans aucune plainte ?

Tant de soucis, tant de misères, tant

d'épreuves, tant de haines !

Pèlerin, peu importe, souffrez, priez, luttez,

avancez sans crainte.

Chapitre 7

L'orgueil et La Jalousie

D'après Frank Reisdorf-Reece : « L'orgueil est le sentiment d'une estime excessive de soi qui porte à se mettre au-dessus des autres[39]. » Et la jalousie selon Henri Bénac : « c'est le dépit de voir un autre posséder un bien qu'on voudrait pour soi. » P. Robert et A. Rey ajoutent : « C'est l'opinion avantageuse de soi-même, sentiment très vif, le plus souvent exagéré, et parfois même injustifié, qu'on a de sa valeur personnelle, de son importance sociale généralement aux dépens de la considération due à autrui[40]. »

Au commencement… l'orgueil et la jalousie.

« *L'homme au regard hautain sera chassé,*

Et l'orgueilleux sera humilié. » (Ésaïe 2. 11.)

- En fait, l'orgueil, c'est la vantardise, l'arrogance et la présomption, la tromperie et la révolte. L'orgueil est un sentiment négatif qui empêche la vérité d'arriver jusqu'à nous. La parabole du Pharisien et du Publicain illustre bien l'orgueil et l'humilité. (Voir Luc 18.9.) Mais en Jésus nous trouvons l'exemple parfait de l'humilité d'où découlent la vérité et la lumière. Et la jalousie, n'est-ce pas bien le désir exagéré ou malsain de dépasser les autres. C'est aussi empêcher les autres d'être heureux comme si

[39] Frank Reisdorf-Reece, *Encyclopédie Biblique*, La colline, CLC Éditions, 1974.
[40] P. Robert et A. Rey, *Dictionnaire alphabétique et analogique de la langue française*, Paris, Édition 2006.

le bonheur n'existait que pour soi. Un sentiment dangereux qui peut causer beaucoup de torts s'il n'est pas contrôlé.

Pour la psychologue Michelle Larivey, « la jalousie est un sentiment pénible à vivre. Typiquement, on a recours à deux genres de comportements pour l'évacuer. Le premier consiste à déprécier la personne que l'on jalouse ; le second, à contrôler ceux qui l'alimentent. La jalousie est un sentiment très précieux. L'envie qu'elle contient renseigne sur un besoin. Elle peut aussi constituer une stimulation. C'est le cas lorsqu'elle me pousse à me dépasser. Elle devient malsaine et morbide lorsque je cherche à contrôler les autres pour éviter de prendre des risques[41]. » C'est le savant Blaise Pascal qui dit : « Le moi est haïssable [42]. » C'est pourquoi l'homme a un caractère désagréable parce qu'il est haïssable.

Moi… Moi-même… Toujours moi…

« *Je monterai au ciel…*

Je vais m'asseoir sur la montagne…

Je serai semblable au Très-Haut… » : Paroles du roi de Babylone, figure de Lucifer, chérubin protecteur. Quelle outrecuidance ! Odieux mensonge, prétention exagérée d'un être créé qui se veut être créateur et qui se croit doté de qualités et de puissances qu'il n'a pas réellement. (Ésaïe 14.12-14.) Selon Henri Bénac, « Envie : sentiment de chagrin haineux que nous donnent les avantages des autres, supérieurs, égaux ou même inférieurs, même si nous ne prétendons pas à ces avantages, et qui demeure souvent dans l'âme ou se manifeste par des menées obscures[43]. » Obsédé par le pouvoir, Lucifer a cherché à supplanter Dieu. Le succès qu'il a remporté auprès de nombreux anges devrait nous convaincre de la nécessité de faire confiance à notre Bienfaiteur. La Bible enseigne que Lucifer a voulu être comme son Créateur, et Dieu lui dit : « *Tu es devenu semblable à nous ! Ta magnificence est descendue dans le séjour des morts, Te voilà tombé du ciel, Astre brillant, fils de l'aurore ! Tu es abattu à terre, Toi, le vainqueur des nations ! Tu disais en ton coeur : Je monterai au ciel, J'élèverai mon*

---

[41]Michelle Larivey, *La puissance des émotions*, Québec, Les Éditions de l'homme, 2002, p.176.

[42]Henri Bénac, *Dictionnaire des synonymes*, Paris, Éditions Hachette, 198.

[43] Idem

trône au-dessus des étoiles de Dieu ; Je m'assiérai sur la montagne de l'assemblée, À l'extrémité du septentrion ; Je monterai sur le sommet des nues, je serai semblable au Très-Haut. Mais tu as été précipité dans le séjour des morts, dans les profondeurs de la fosse. » (Ésaïe 14.12-14.) L'ennemi de nos âmes est en désaccord avec les projets de Dieu pour nous.

L'origine du conflit cosmique - La chute de Lucifer

D'après la Bible, tout a commencé dans le ciel par l'orgueil et la jalousie de Lucifer, un ange influent. À cause de sa déloyauté, il perdit le ciel et persuada d'autres anges de le suivre dans sa rébellion. Ainsi naquit l'hostilité du dragon[44], l'orgueil, le grand danger. Lucifer voulut être semblable à Dieu. Et ce mal continue à faire son chemin en causant beaucoup de pleurs, de douleurs, de souffrances et en fin de compte, la mort. L'homme aussi a voulu être semblable à Dieu, car nos premiers parents se sont révoltés contre Lui et l'ont manifesté par la désobéissance. Et depuis lors, jusqu'à ce jour, la conséquence de cette désobéissance se fait encore sentir dans tous les domaines de la vie. Selon les saintes Écritures, la jalousie de Dieu et l'envie de Satan s'opposent : « *L'Éternel est un Dieu jaloux.* » (Exode 20.5.) Et Lucifer est un ange envieux. Est-ce la même chose ? Je dirais que « non », car la jalousie de notre Dieu est constructive et l'envie de l'ennemi est destructrice. Lucifer devint envieux de son Créateur, son Bienfaiteur et la jalousie s'empara de Lui.

L'auteur du livre de la Genèse reconnaît déjà l'existence de la jalousie chez Caïn, fils d'Adam et d'Ève. Le récit de Caïn nous édifie bien : Caïn fit à l'Éternel une offrande des fruits de la terre ; et Abel, de son côté, en fit une des premiers-nés de son troupeau et de leur graisse. L'Éternel porta un regard favorable sur Abel et sur son offrande; mais pas sur celui de Caïn. Ce dernier fut très irrité, et son visage fut abattu. Et l'Éternel lui dit : « *Pourquoi es-tu irrité, et pourquoi ton visage est-il abattu ? Certainement, si tu agis bien, tu relèveras ton visage, et si tu agis mal, le péché se couche à la porte, et ses désirs se portent vers toi : mais toi, domine sur lui. Cependant, Caïn adressa la parole à son frère Abel ; mais, comme ils étaient dans les champs, Caïn se jeta sur son frère Abel, et le tua.* » (Genèse 4.4-8.)

[44]Le serpent ancien, appelé le diable et Satan (Apocalypse 12.9 ; 20.2). Voir *Dictionnaire des Mots et des Expressions de la Bible*, Montréal, Évangéliques du Québec, 1999.

Caïn fut jaloux de son frère Abel et le tua. L'envie et la jalousie poussèrent Caïn à tuer son frère. Depuis lors, il ne connut ni repos ni paix, puisqu'il fut toujours en fuite. Au commencement tout était très bon, mais l'orgueil, la jalousie, la rébellion creusent des abîmes profonds dans notre vie, nous séparent de Dieu et nous font souffrir amèrement. Ce qu'il nous faut aujourd'hui c'est l'humilité, la modestie, l'esprit de pardon, le sentiment d'amour, de paix, et d'union en Jésus, notre Sauveur et notre Bienfaiteur. Oui, mon ami, en dépit de notre révolte, Dieu intervient toujours dans nos détresses avec miséricorde, bonté et compassion soit pour nous guérir ou pour nous soutenir ! Si la jalousie vous possède, vous tourmente ; si vous êtes torturé par elle, présentez à Lui vos craintes, vos déboires, vos haines, vos vengeances ou vos désirs irraisonnés avec insistance, et Il vous délivrera de ce cauchemar qu'est la jalousie, cachée ou ouverte. Ne soyez pas jaloux du succès des autres, car votre Dieu peut faire autant, sinon davantage pour vous. Consultez votre Conseiller admirable, Il vous attend et veut vous guérir de ce mal hideux qu'est la jalousie !

Beaucoup d'hommes et de femmes ont rejeté leur Créateur et leur Rédempteur, ils le font par orgueil. Ils ont rejeté le message de Jésus et ont qualifié ses paroles de blasphème. Et par leurs agissements, ils ont fait le jeu de l'ennemi parce qu'ils ont semé le doute en ce qui a trait à l'origine de Jésus. « *Moi et le Père, nous sommes un,* » dit le Maître. (Jean 10.30.) Un auteur a dit : « L'orgueil des hommes leur fit perdre toute mesure. Ils voulurent ainsi construire une tour qui pourrait atteindre le ciel. Cette entreprise aboutit au chaos. Ils furent dispersés dans différentes régions et ne furent plus capables de parler une seule et même langue. » (Voir Genèse 11.)

Les dangers de l'orgueil

Lucifer voulait se mettre à la place de Dieu parce qu'il était devenu jaloux de Lui. Il voulait supplanter Dieu parce qu'il fut trop rempli de sa connaissance et de sa beauté insurpassable, de son pouvoir et aussi de l'éclat de sa sagesse. Lucifer est une créature qui convoitait l'œuvre de son Créateur et qui voulait à tout prix s'emparer du pouvoir divin par un « coup d'État[45] », d'où, à mon humble avis, l'origine des coups d'État que nous enregistrons aujourd'hui un peu partout dans notre monde. Des arrogants et

---

[45] Tentative ou conquête du pouvoir d'État par des moyens illégaux, souvent violents. *Dictionnaire Hachette illustré*, Paris, Édition 2006.

des hommes violents, en effet, se sont ligués contre lui. David, serviteur de Dieu est tourmenté. En plein désarroi, il cria à l'Éternel et s'empressa humblement de tourner son regard vers son Dieu pour implorer son secours comme à l'accoutumée : « *Éternel, prête l'oreille, exauce-moi ! Car je suis malheureux et indigent. Garde mon âme, car je suis pieux ! Mon Dieu, sauve ton serviteur qui se confie en toi ! Opère un signe en ma faveur ! Que mes ennemis le voient et soient confus ! Car tu me secours et tu me consoles, ô Éternel !* » (Psaumes 86.1, 2, 17.) Le secret des victoires de David sur ses ennemis fut l'abandon de sa volonté à son Dieu qui, en fait, l'a toujours délivré. C'est encore le Psalmiste David qui : « *lorsqu'il contrefit l'insensé en présence d'Abimelec, et qu'il s'en alla chassé par lui, dit : Le malheur atteint souvent le juste, mais l'Éternel l'en délivre toujours.* » (Psaume 34.20.) En Jésus, David eut la victoire, la paix et la liberté. Vous les aurez aussi si vous vous abandonnez à Lui en marchant loin de la jactance et des vapeurs grisantes de l'orgueil. En fait, avec Jésus on a tout.

L'orgueil, un péché inexpliqué et inexplicable. À travers le temps, le père du mensonge a mené à bien ses entreprises et il a pu séduire beaucoup d'enfants de Dieu. Fort heureusement, Jésus, le Fils de Dieu, notre Sauveur et Rédempteur est venu nous donner une nouvelle lumière, une nouvelle alliance, une nouvelle espérance. Aujourd'hui, vaincu et humilié par la puissance du Christ et, sachant qu'il lui reste peu de temps, Satan sème la mort à tout vent. Néanmoins, notre Dieu, le vengeur de l'injustice, dit : « *La justice règnera enfin* ! » (Voir Luc 18.8.)

Dieu résiste aux orgueilleux

C'est pourquoi, l'apôtre Pierre nous exhorte de cette manière : « *Tous, dans vos rapports mutuels, revêtez-vous d'humilité ; car Dieu résiste aux orgueilleux, Mais Il fait grâce aux humbles. Humiliez-vous donc sous la puissante main de Dieu, afin qu'Il vous élève au temps convenable ; et déchargez-vous sur Lui de tous vos soucis, car Lui-même prend soin de vous.* » (1Pierre 5. 5, 6.) Loin de l'orgueil et de la jalousie, je marcherai vers le ciel, la maison de mon Père, le séjour éternel, le pays de la lumière, là où le péché ne règne plus, car je serai en présence de Jésus, le Créateur pour toujours. Selon l'apôtre Jacques, « *Dieu résiste aux orgueilleux, mais Il fait grâce aux humbles.* » L'orgueil et la jalousie, deux jumeaux qui causèrent tant de torts à Dieu et à l'univers. Le péché de l'orgueil et de la jalousie corrompt tout et conduit à la mort, mais la grâce de Dieu fait vraiment vivre. Malheureusement, ils sont nombreux ceux qui, par orgueil, ne veulent pas accepter cette grâce puissante et bienfaisante. N'ayez pas une trop haute opinion de vous-même comme Job qui se croyait juste. Miséricordieusement, l'Éternel lui a montré que cette opinion découlait de l'orgueil. Dieu aidant, Job a compris le message du Seigneur et s'humilia. L'Éternel l'a guéri, lui a donné la paix, la joie, la richesse et une famille heureuse. Il peut en faire autant pour vous aussi parce qu'Il est le même Dieu hier, aujourd'hui et demain. Il vous aime beaucoup. Il désire sincèrement faire de chacun de vous son enfant humble et doux. Ne voulez-vous pas d'un tel Ami fidèle ? Si vous vous abaissez devant le Seigneur, Il vous élèvera en temps opportun. Il peut vous élever à une hauteur à laquelle vous n'avez jamais pensé. Le Bienfaiteur est extraordinaire. Il a guéri beaucoup de gens, Il peut vous guérir aussi aujourd'hui même de votre orgueil et de votre jalousie. Il donne la possession et la gloire. (Voir Psaumes 84.12.)

- Voyons, apprenez de Jésus, car Il est doux et humble de cœur !

Prière suggérée :

Béni sois ton nom et aie pitié de moi, mon Seigneur et mon Dieu, je te prie d'enlever de moi tout sentiment d'orgueil et de jalousie. Que l'amour divin consume mon vieil homme et que ton bras vienne me secourir au quotidien ! Amen.

- Avec Jésus, c'est l'humilité, la simplicité, la sagesse et la victoire sur le moi dans ce bas monde et dans le monde à venir, car sa grâce vous suffit. Jésus nous guérit de la suffisance, de la jactance, de la vengeance, de la jalousie et de la présomption !

Chapitre 8

La haine ou L'inimitié

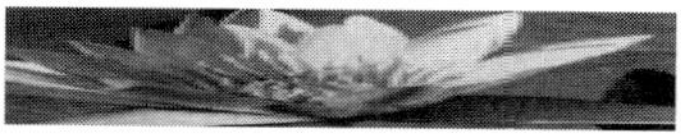

Qu'est-ce que la haine ? « Passion violente qui arrive contre les êtres et parfois contre les choses et pousse à désirer le mal ou la destruction[46]. » La haine est un sentiment négatif, mais le plus proche de l'amour. D'après le philosophe Ruwen Ogien : « La haine est une relation qui possède sa « logique » et que si la haine est répugnante, ce n'est pas parce qu'elle est irrationnelle, mais parce qu'elle est intrinsèquement mauvaise[47]. »

- En effet, la haine peut, selon le Dr Alice Miller, prendre plusieurs formes : « haine latente, haine consciente, réactive, haine justifiée, etc. La haine latente est véritablement dangereuse et difficile à faire disparaître parce qu'elle n'est pas tournée contre la personne qui l'a provoquée, mais contre des substituts. Elle peut se maintenir toute la vie, cristallisée sous diverses formes de perversion, et constitue une menace pour l'entourage, mais dans certains cas aussi pour la personne elle-même. La haine consciente, réactive, qui, comme tout sentiment, peut retomber quand elle est revécue. Si nous avons été traités par nos parents de façon sadique, c'est de la haine que nous sentons inévitablement monter en nous. Elle n'est pas dangereuse. Il y a aussi la haine justifiée contre une personne qui nous tourmente dans le présent, que ce soit sur le plan physique ou psychique, une personne qui nous tient en son pouvoir et dont nous ne pouvons nous libérer[48]. » Quand nous haïssons des gens qui sont pour rien dans nos

[46] Henri Bénac, *Dictionnaire des synonymes*, Paris, Éditions Hachette, 1982.
[47] Ruwen Ogien, *Le sanglot de l'homme blanc*, Paris, Éditions Le Seuil, 1983, p.155.
[48] Alice Miller, *Notre corps ne ment jamais*, Paris, Éditions GF Flammarion, 2004, p.158.

démêlés, nous dirigeons cette haine contre des boucs émissaires, c'est très dangereux. Aussi, on ne choisit ni d'aimer ni de détester. Ce serait bien plus simple si c'était le cas et parfois même nos sentiments nous trahissent. Quelqu'un a dit : « J'ai, un jour, voulu haïr une personne que j'avais aimée... je n'y suis jamais arrivé. » Par exemple, en ce qui me concerne, la haine consciente, réactive est bien ce que je ressens quand je pense à mon frère aîné de qui j'ai reçu beaucoup de coups dans mon enfance, ce qu'on appelle aujourd'hui « abus d'enfant ou *Child abuse* en anglais. » Toujours est-il que toute haine peut se changer en amour, grâce à Jésus. Dans son livre, « *Notre corps ne ment jamais* », c'est encore Dr. Alice Miller qui écrit : « On a peine à imaginer un homme qui subirait des tortures et qui ne ressentirait pas de haine envers son tortionnaire. S'il s'interdit ce sentiment, il aura à en subir les effets dans sa chair. Dans les biographies de martyrs chrétiens qui ont survécu à leurs tortures, on trouve des descriptions de maladies épouvantables, qui, d'une manière très révélatrice sont souvent des maladies de peau. Le corps résistait de cette manière à la trahison de son Soi, car si les " saints " devaient pardonner à leurs persécuteurs, leur peau à vif témoignait de la force de leur rage étouffée[49]. » C'est normal, car la peau ne cache aucun secret. Tout y apparaît lisiblement.

Un monde de haine et de souffrance

La haine de Caïn pour son frère Abel a enclenché tout un monde de haine et de souffrance. Jésus a détruit le mur de séparation en éliminant l'hostilité qui existait entre l'homme et Dieu. Il était venu faire tomber aussi les murs qui produisaient autrefois de la haine. Et ces murs produisent encore aujourd'hui tant de malentendus et tant de souffrances. C'est Fénelon qui écrivit : « Jésus-Christ a exterminé l'idolâtrie extérieure, mais l'intérieure repousse encore de tous les côtés[50]. » Ce qui arrive, plus vous haïssez quelqu'un, plus cette haine ira croissant et plus il vous sera impossible de pardonner. Jésus pardonne votre offense. Vous êtes l'objet de son pardon. Et vous ? Il est temps que vous cessiez les vieilles rancunes, les préjugés et les petites querelles de famille qui ne font que nuire à votre bien-être. Vous avez reçu le pardon de Dieu, en fait, vous ne le méritez pas, c'est une grâce divine, eh bien ! offrez-le donc à un autre qui ne le mérite pas comme vous.

---

[49] Idem p.160.
[50] Henri Bénac, *Dictionnaire des synonymes*, Paris, Éditions Hachette, 1982

Vous refusez de pardonner, eh bien ! sans le réaliser vous faites du mal à vous-même. Mon cher ami, vous travaillez contre votre propre personne. On est voisins, on est amis, on est frères, on dort dans le même lit. On mange ensemble, on prie ensemble, on partage la même foi chrétienne, on évolue dans le même giron et pourtant vous avez le sentiment de haine en vous qui vous ronge comme un cancer détruit le corps. Oh ! pardonnez, aimez et vivez en paix, car Jésus est votre paix ! Il vous faut saisir l'approche de votre Frère aimant, mais c'est quoi encore : l'amour, le pardon et l'unité en Christ. Voilà ce qui fera de nous des gens heureux.

- Oh ! pourquoi tant de haines dans les familles, au travail, à l'école, l'homme contre l'homme, nations contre nations, époux contre épouses, enfants contre parents, frères contre sœurs, même à l'église du Seigneur au milieu de beaucoup de soi-disant chrétiens ? Oh oui ! Les contemporains de Jésus cherchaient à Le faire mourir par haine. Ils voulaient éliminer non seulement sa personne, mais aussi ses œuvres. Il arrive que vos frères et vos sœurs vous haïssent et vous détestent pour plusieurs raisons et parfois sans cause. Ils veulent vous liquider également parce qu'ils n'aiment pas entendre la vérité. L'hostilité, le désir de vengeance créent aussi la haine. La preuve, seul Dieu peut maîtriser le désir de vengeance ; c'est pourquoi il est écrit : « *À moi la vengeance, à moi la rétribution.* » (Romains 12.19.) La discrimination, l'insulte, la violence physique ou verbale, l'injure raciale, le mensonge, les préjugés, les abus d'autorité ou de confiance et l'injustice provoquent la haine. N'est-ce pas pourquoi il existe tant de haine sur notre planète. « *Ne te laisse pas vaincre par le mal,* » exhortation de l'apôtre Paul aux Romains, « *mais surmonte le mal par le bien.* » (Voir Romains 12.21.) Et aux Corinthiens il déclare : *nous prions Dieu pour que vous ne fassiez rien de mal.* » (2 Corinthiens 13. 7a.)

La haine et l'amour

C'est le prophète Amos qui dit : « *Haïssez le mal.* » (Voir Amos 5.15.) La haine, ce sentiment vilain et hostile envahissait déjà le cœur d'Esaü, contre Jacob, son frère cadet. C'est l'auteur du livre de la Genèse qui écrivit : « *Esaü prit Jacob en aversion, à cause de la bénédiction dont son père l'avait béni. Esaü disait en son cœur : les jours du deuil de mon père approchent, et je tuerai Jacob, mon frère.* » (Voir Genèse 27.1.) Jacob a menti pour exploiter la faiblesse et la naïveté de son frère. Euh ! Voyez donc comment le mensonge, invention grossière, déshonnête et honteuse produit de la haine active. Preuve que le mensonge est le plus laid des vices. Quelle astuce, hélas ! Il faut vaincre le mal hideux qu'est la haine sous toutes ses formes, car elle empêche le progrès.

Que l'amour se répande à profusion comme un torrent intarissable sur notre monde haineux ! Oh ! Faites jaillir la lumière de la vérité et travaillez à promouvoir l'amour et à éliminer la haine sous toutes ses formes dans votre pays, dans votre communauté, dans votre famille, sur votre lieu de travail, à l'école, à l'église, etc. D'ailleurs, Dieu commande sous la plume de l'auteur du livre de Lévitique : « *Tu ne haïras point ton frère dans ton cœur.* » (Lévitique 19.17a.)

- Avec humour et simplicité, le Sauveur nous invite par la plume inspirée de l'apôtre Jean à aimer notre frère, à ne prononcer à son endroit que des paroles édifiantes et de grâces, capables de transformer des cœurs malades. « *Celui qui aime son frère demeure dans la lumière, et aucune occasion de chute n'est en lui.* » (1 Jean 1.10.) C'est la raison pour laquelle l'Éternel fait briller la lumière qui éclaire ses enfants et qui met l'amour dans nos cœurs, en vérité, cet amour chasse la haine. Le savant Blaise Pascal écrivait : « Il y a assez de lumière pour ceux qui ne désirent que de voir et assez d'obscurité pour ceux qui ont une disposition contraire. » Car la lumière venant du ciel éclaire tout homme en qui réside de la bonne volonté.

Dieu compte sur vous pour vaincre la haine et les animosités sous toutes leurs formes parce que ce sentiment excite des querelles. Lisez, cher lecteur, pour votre édification, les plaintes du psalmiste David à son Dieu: « *Ils m'environnent de paroles haineuses et me font la guerre sans cause. Tandis que je les aime, ils m'accusent. Mais moi je recours à la prière. Ils me rendent le mal pour le bien, et de la haine pour mon amour.* » (Psaumes 109.3-5.) Je crois et j'ai la ferme conviction que tous sont appelés à porter au monde un témoignage de paix, de réconciliation et d'amour. Poussés par l'envie, la jalousie et la haine, les frères de Joseph le vendirent aux marchands de Madian. Aujourd'hui encore, les mêmes sentiments qui animaient les frères de Joseph se manifestent même à l'église du Seigneur en divisant et en tuant à petit feu. Constatant la dureté, les tours et détours du cœur de l'homme, César Malan nous invite à rechercher la présence du Rédempteur dans notre état misérable de péché :

« C'est toi, Jésus, que recherche mon âme,
À te trouver se bornent mes souhaits ;
C'est ton regard que sur moi je réclame ;
Rends-moi, Seigneur !
Rends-moi ta douce paix.
Prends donc pitié de ma grande misère,
Soumets mon cœur, brise sa dureté.
À Golgotha, mon âme te fut chère :
Je compte, ô Dieu ! Sur ta fidélité[51]. »

En fait, « *l'amour et la haine sont dans la main de Dieu* », selon le sage. (Ecclésiaste 9.1.) C'est l'Éternel qui parle par le truchement de Jérémie, son prophète : « *Le cœur est tortueux par-dessus tout, et il est méchant : Qui peut le connaître* ? » (Jérémie 17.9.) À la vérité, seul le Saint-Esprit de Dieu peut nous aider à maîtriser ce sentiment négatif qu'est la haine. C'est à Saint-François d'Assise qu'on attribue cette prière : « Là où il y a la haine, que je mette l'amour[52]. »

Nous faisons toujours face à deux sentiments : l'amour qui construit et la haine qui détruit. Ils sont très rapprochés. Seul Dieu peut les gérer. Pour l'apôtre Paul, nous devons toujours nous revêtir de l'amour du Seigneur, le gage de la perfection : « *Mais par-dessus tout, revêtez-vous de l'amour qui est le lien de la perfection.* » (Colossiens 3. 14.) Apprenons sous l'égide du Saint-Esprit, à gérer nos sentiments négatifs tels que la haine et la colère. De façon claire, l'apôtre Jean nous transmet la parole du Maître : « *Quiconque déteste son frère est meurtrier, et vous savez qu'aucun meurtrier n'a la vie éternelle demeurant en lui.* » (Jean 3.15.) Nous désirons généralement que nos péchés soient pardonnés, ce qui est vraiment important. (Romains 4.7.) Alors, pardonnez-vous réciproquement. C'est pourquoi l'apôtre Paul exhorte les Colossiens de cette manière : « *Supportez-vous les uns les autres, et, si l'un a sujet de se plaindre de l'autre, pardonnez-vous réciproquement. De même que Christ vous a pardonnés, pardonnez-vous aussi.* » (Colossiens 3. 13.)

---

[51] César Malan, *Hymnes et Louanges* n° 285, Dammarie-lès-Lys, Éditions Vie et Santé, 1983.

[52] Henri Bénac, *Dictionnaire des synonymes*, Paris, Éditions Hachette, 1982

- Oui ! aimer, aimer, voilà vivre ! N'aimeriez-vous pas goûter à l'amour de Jésus ? Je cite l'exhortation de l'apôtre Pierre qui convient bien à notre méditation : « *La face du Seigneur est contre ceux qui font le mal.* » (1Pierre 3.12.) Que la vérité et l'amour l'emportent sur le mensonge et la haine !

Prière suggérée :

Aie pitié de moi Seigneur Dieu et fais-moi une grâce nouvelle. Enlève toute entrave qui m'empêche d'aimer sincèrement. Oh Dieu, conduis-moi de la haine à l'amour, de la guerre à la paix, de la séparation à la réconciliation, dans le doux nom de Jésus – Amen.

- Enfin ! vous voilà sur le point d'être guéri de ce mal chronique qu'est la haine. N'est-ce pas magnifique de la part du Dieu d'amour ?

- Il vous guérit effectivement de tous vos maux !

- Ah ! ça, oui ! ce Jésus est vraiment admirable et extraordinaire !

- Je termine la méditation sur la haine avec une pensée de l'apôtre Paul : « *Ayez le mal en horreur ; attachez-vous fortement au bien.* » (Romains 12. 9.)

- Avec Jésus, c'est l'amour, c'est la paix et un Ami sûr qui console dans les mauvais moments, aussi se révèle-t-Il toujours comme un Frère à vos côtés et sa grâce vous suffit ici-bas et dans le monde à venir.

Jésus de Nazareth est amour, Il peut vous guérir du sentiment de la haine ou de toute inimitié !

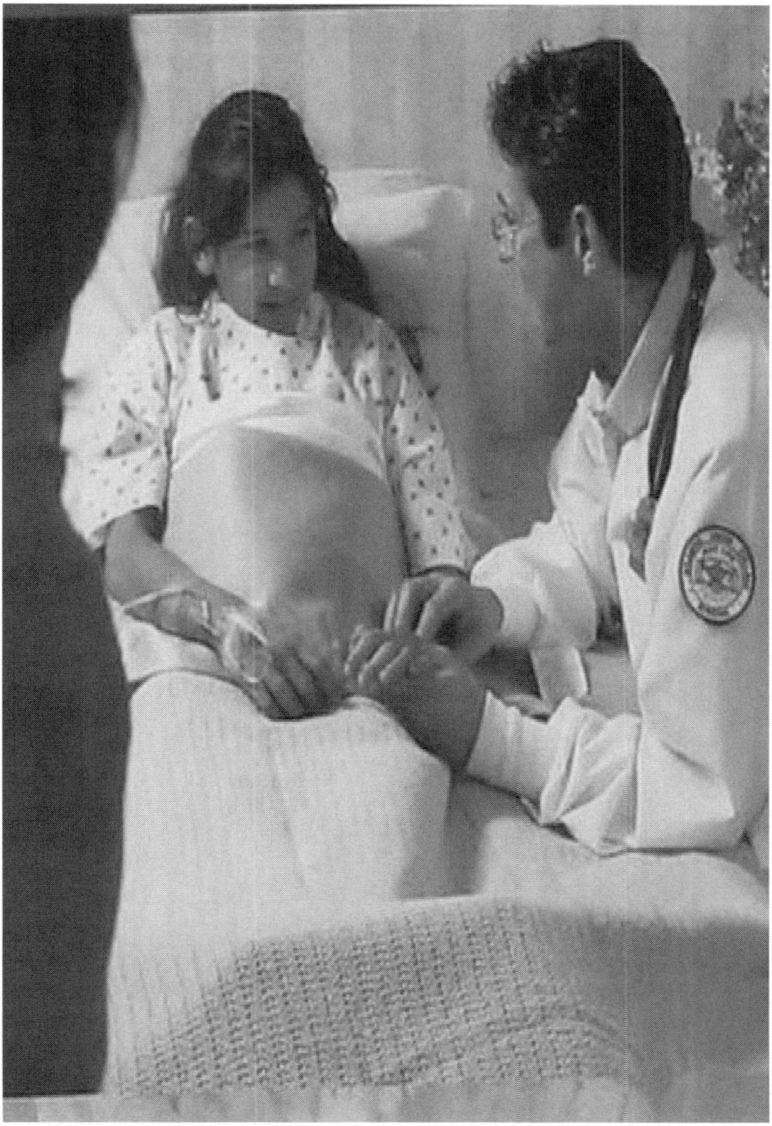

La souffrance de l'homme et de la femme (Courtesy of AUC).

« *Pourquoi ma souffrance est-elle continuelle ?*
Pourquoi ma plaie est-elle douloureuse, et
ne veut-elle pas se guérir ? (Jérémie 15.18.)
Dans cette circonstance exceptionnelle, il faut recourir à
la compétence sûre de *Jésus, le grand Guérisseur* humblement.
Il aime à vous entendre.
Il est tout près de vous.
Croyez en Lui et Il vous délivrera.

Chapitre 9

La maladie

La maladie, « c'est ce qui gêne les hommes dans la jouissance normale de leur vie et dans leurs occupations et surtout ce qui les fait souffrir. La maladie est due à la déficience d'un ou de plusieurs gènes. Elle est aussi une altération dans les organes qui vous rend épuisé, sans force[53]. » En effet, les causes des maladies sont multiples. Et selon la Bible : la maladie vient du péché, de la désobéissance, et du mépris de la loi divine, mais parfois Dieu s'en sert aussi pour discipliner ses enfants. (Voir Exode 23 ; Deutéronome 7.) : « *… si tu prêtes l'oreille à mes commandements, je ne te frapperai d'aucune des maladies que j'ai infligées aux Égyptiens ; car je suis l'Éternel, qui te guérit.* » (Exode 15. 26.)

Bien que de nombreuses maladies puissent être guéries ou contrôlées avec des équipements de pointe durant de longues périodes, ceci n'empêche pas qu'un jour ou l'autre, chacun rende son dernier soupir. Comment faire face aux changements qu'une grave maladie entraîne ? Que faut-il faire avec les douleurs ? Oh ! pourquoi tant de maladies, les unes plus agressives que les autres ? Des questions difficiles et bouleversantes qui font vraiment réfléchir. Très peu de choses sont connues sur les causes de certaines maladies telles que : le cancer, l'Alzheimer, la schizophrénie, la maladie de Parkinson, et d'autres maladies graves et complexes qui tuent l'homme à petit feu.

[53] P. Robert et A. Rey, *Dictionnaire alphabétique et analogique de la langue française*, Paris, Édition 2006.

Douloureusement touché et durement éprouvé, Job déclara : « *Le sort de l'homme sur la terre est celui d'un soldat, Et ses jours sont ceux d'un mercenaire. Comme l'esclave soupire après l'ombre, Comme l'ouvrier attend son salaire, Je me couche, et je dis : Quand me lèverai-je ? Quand finira la nuit ? Et je suis rassasié d'agitations jusqu'au point du jour. Mon corps se couvre de vers et d'une croûte terreuse, Ma peau se crevasse et se dissout. La nuit me perce et m'arrache les os, La douleur qui me ronge ne se donne aucun repos.* » (Job 7.2-5 ; 30.17.) Quelle tristesse ! Un récit touchant et troublant, le malheureux Job semble être livré à son sort, heureusement le Dieu Tout-Puissant veillait sur son fidèle Serviteur. Dieu serait-Il injuste en laissant à l'ennemi le pouvoir de tenter ses enfants, de les séduire et de semer la souffrance au milieu d'eux ? Non ! au grand jamais ! Loin de là ! Notre Dieu est juste et bon de sorte que nous ne saurions Lui imputer les malheurs et calamités dont est victime l'humanité. Êtes-vous malade, marchez-vous en trébuchant, ou en titubant ? Votre Docteur divin peut vous aider à rétablir votre équilibre perdu comme Il l'avait fait pour le paralytique au bord du puits de Béthesda[54]. Seulement, croyez en Lui.

Le Nouveau Testament nous présente le cas d'Épaphrodite qui vola au secours de Paul. Dans le livre des Actes des Apôtres, Paul déclara à propos d'Épaphrodite, son compagnon : « *J'ai tout reçu et suis dans l'abondance ; J'ai été comblé de biens en recevant par Lui ce qui vient de vous comme un parfum de bonne odeur, un sacrifice que Dieu accepte et qui Lui est agréable.* » Au cours de son séjour à Rome, Épaphrodite tomba malade et Paul rappelle, en ces termes, le récit : « *Il a été malade, en effet, tout près de la mort ; mais Dieu a eu pitié de lui, non seulement de lui, mais aussi de moi, afin que je n'aie pas tristesse sur tristesse.* » (Philippiens 4.)

Louez l'Éternel dans la santé comme dans la maladie

C'est le prophète Jérémie qui expose le besoin de guérison de son peuple en se demandant : « *N'y a-t-il point de baume en Galaad ? N'y a-t-il point de médecin? Pourquoi donc la guérison de la fille de mon peuple ne s'opère-t-elle pas ?* » (Jérémie 8.22.) La maladie, n'est-elle pas un châtiment divin ? En effet, la maladie, comme toute épreuve, est dans les mains de Dieu un moyen de bénédiction pour les siens. Dans la maladie aussi bien que dans la persécution, l'Éternel soutient toujours ses enfants. Il a soutenu

[54] Réservoir qui se trouvait près de la porte des brebis à Jérusalem. (Frank Reisdorf-Reece, *Encyclopédie Biblique*, La colline, CLC Éditions, 1974.)

on serviteur David et le guérit de ses maux. S'assurant de la promesse de son Seigneur qui le gardera et lui conservera la vie, David célèbre dans le psaume 41 l'Éternel qui le soutient sur son lit de douleur : « *Heureux celui qui s'intéresse au pauvre ! Au jour du malheur l'Éternel le délivre ; L'Éternel le garde et lui conserve la vie. Il est heureux sur la terre, Et tu ne le livres pas au bon plaisir de ses ennemis. L'Éternel le soutient sur son lit de douleur ; Tu le soulages dans toutes ses maladies. Je dis : Éternel, aie pitié de moi ! Guéris mon âme ! Car j'ai péché contre toi !* » (Voir Psaumes 41.) Vous aussi, ne soyez pas inquiet et impatient, attendez que le médicament de confort agisse ! Oui, votre Père est bien vivant et Il guérit.

L'intempérance, une autre cause de maladie

Il arrive très souvent que la maladie résulte de la façon abusive dont nous traitons notre corps. On s'en fout pas mal. Vous travaillez au préjudice de votre propre corps. Ah ! ça, non ! Je n'y crois pas. Vous avez fait cela ? Vraiment ? C'est grotesque, allons ! Votre corps n'est-il pas le temple du Saint-Esprit ? On raconte l'histoire d'une entrevue du Dr Jean Nussbaum avec le cardinal Pacelli, devenu par la suite Pape Pie XII. « À la fin de l'entrevue, le cardinal Pacelli, habituellement plutôt réservé, se leva et accompagna son hôte jusqu'à la porte. « Docteur, je vous suis très reconnaissant pour les informations que vous m'avez données », dit-il. Tirant profit du climat chaleureux établi entre eux, le docteur pensa à renforcer leur relation. « En tant que médecin, je vous conseille, avec votre permission, de prendre soin de votre santé et de ne pas vous surcharger de travail. »

Le cardinal répondit : « Ma vie est entre les mains de Dieu. Il connaît le nombre de mes jours. Ainsi, je n'ai pas à m'inquiéter de ma santé », dit Pacelli avec un sourire. Cependant, Dieu s'attend à ce que nous préservions notre corps pour pouvoir lui rendre le meilleur service, répondit Dr Nussbaum. Le cardinal Pacelli prit congé de Nussbaum et lui dit en serrant la main de ce dernier : « J'apprécie votre attention pour mon bien-être. Quand vous passerez par Rome, venez me voir[55]. » C'est bien l'apôtre Paul qui renchérit : « *Ne savez-vous pas que votre corps est le temple du Saint-Esprit qui est en vous, que vous avez reçu de Dieu, et que vous ne vous appartenez point à vous-même.* » (1 Corinthiens 6.19.)

---

[55] Loewen Gertrude, *Jean Nussbaum, pionnier de la liberté religieuse*, Dammarie-lès-Lys, Éditions Vie et Santé, Paris, 1969, p. 103.

Comme Dr Nussbaum, avec votre permission, je vous conseille de ne pas négliger votre santé, car vous en avez besoin. La santé est un don vraiment précieux. Évitez le surmenage, faites de l'exercice régulièrement et dormez suffisamment. Travaillez avec modération et suivez les conseils de votre médecin personnel. Dans le 57e chapitre du livre d'Ésaïe, l'Éternel dit : « *À cause de son avidité coupable, Je me suis irrité et Je l'ai frappé, Je me suis caché dans mon irritation ; mais il a suivi, rebelle, la voie de son cœur. J'ai vu ses voies, mais Je le guérirai ; Je le conduirai et Je le comblerai de consolations, lui et ceux qui pleurent avec lui* ! »

Ellen G. White déclara à ce sujet : « Il en est beaucoup qui se rendent malades par leur intempérance. Ils ne se sont pas conformés aux lois naturelles et aux principes de la pureté. D'aucuns ont violé les lois de la santé dans le boire et le manger ou dans la manière de se vêtir et de travailler. Bien souvent, la faiblesse du corps ou de l'esprit est due à quelque vice. Si ces gens recouvraient la santé, beaucoup continueraient à transgresser avec insouciance les lois divines, naturelles et spirituelles, et en concluraient qu'ils peuvent persévérer dans leurs erreurs et satisfaire sans restriction leurs désirs pervers[56]. » L'abus de l'alcool, du tabac et d'autres violations des lois sanitaires provoquent certaines maladies. En effet, on ne joue pas impunément avec sa santé. Malheureusement, c'est dans l'adversité et la maladie que certains reconnaissent l'existence de Dieu. Souvent, la maladie est une conséquence du péché de la désobéissance.

- Oh oui, malheureusement, c'est bien au milieu de la souffrance que plusieurs ont appris à connaître Dieu ! C'est surtout dans la maladie ou dans la mort qu'on se rend compte que l'existence de l'homme est bel et bien fragile. Consultez le Grand Guérisseur dans votre condition misérable et Il prendra soin de vous. Et le psalmiste David renchérit sur la conduite coupable de l'impénitent : « *Les insensés, par leur conduite coupable Et par leurs iniquités, s'étaient rendus malheureux. Leur âme avait en horreur toute nourriture, Et ils touchaient aux portes de la mort. Dans leur détresse, ils crièrent à l'Éternel, Et Il les délivra de leurs angoisses ; Il envoya sa parole et les guérit, Il les fit échapper de la fosse.* » De fait, la parole de Jésus guérit. « *Il envoie sa parole et elle les guérit.* » (Psaumes 107.17-21.)

---

[56] Ellen G. White, *Le Ministère de la guérison,* Mountain View, Éditions Le monde Français, 1977, p. 195.

Épuisé et ruiné par la maladie, Job ne trouve la paix et la bénédiction que lorsqu'il reconnaît ce qu'il est : une créature de rien. C'est la grande leçon que nous devons tous apprendre à tirer de l'expérience du patriarche Job. Oui, le malade qui prie avec foi, et qui place toute sa confiance en son Dieu connaîtra une issue heureuse. La parole de Dieu nous exhorte aussi à prier pour tous les hommes, en tout lieu, en tout temps, en toutes circonstances dans la santé comme dans la maladie.

- Voilà ! Comme le titre du livre le suggère : *Jésus, le Grand Guérisseur* ! Il peut te guérir aussi, le crois-tu ? Oui, si tu crois, tu verras les merveilles de ton Jésus.

La concomitance de deux volontés

Il est clair que l'obtention de ce que l'on désire dépend souvent de la qualité de notre relation avec Dieu. Toutefois, Jésus répond toujours au besoin de guérison spirituelle et physique de ses enfants. Pour cela, le Grand Médecin des âmes, le Guérisseur par excellence vous demande de Le choisir et vous serez guéri des maux qui vous troublent et qui brisent votre cœur. Vous êtes souffrant et vous oscillez entre l'espoir de guérison et l'angoisse. Vous vous demandez : Seigneur, pourquoi cette maladie ? Pourquoi permettez-vous cela ? Vous priez Jésus afin qu'Il mette fin à votre angoisse et son intervention se fait attendre et vous perdez confiance. Je vous dis que vous n'êtes pas le seul, et c'est humain. Ayez toujours confiance en la bonté de Dieu. Gardez la foi quand bien même Dieu semble vous abandonner à votre malheureux sort et que vous pleurez amèrement. Cessez donc de pleurer, mon ami, car votre Père céleste vous dit par le biais de son serviteur : « *Ainsi parle l'Éternel : Retiens tes pleurs, Retiens les larmes de tes yeux.* » (Jérémie 31.16.) Revenez à l'Éternel et vous aurez la santé et la paix. Mon conseil à vous, cher ami lecteur : cherchez la présence divine au quotidien si vous voulez connaître des jours heureux ici-bas et dans l'au-delà. Ce qui est bizarre, au moment où on se laisse aller au pire du désespoir, une solution miraculeuse se profile à l'horizon, et nous l'ignorons. Humainement, votre situation apparaît sans issue et les docteurs ne savent que faire pour vous soulager. Dieu a-t-Il un objectif ? Chantez et louez le Seigneur, car il vous reste encore Docteur Jésus. D'ailleurs, chanter et louer Dieu est la manière la plus confiante ou la plus rassurante de dire à Dieu qu'Il connaît mieux que vous (les docteurs inclus) l'issue de votre épreuve. Louer le Seigneur au milieu des difficultés de la vie, des souffrances et des intempéries peut paraître bizarre et inapproprié et pourtant c'est exactement ce qui convient. Laissez donc le contrôle de votre vie à votre Créateur. Faites-Lui confiance, certainement, Il peut envoyer un baume de guérison ou de soulagement selon sa volonté, non pas selon la vôtre : deux volontés qui ne coïncident pas toujours. Et qu'importe si le Grand Docteur ne guérit pas ce corps corruptible comme vous l'auriez souhaité, là encore, c'est la manifestation de son amour sublime à votre endroit. Par contre, ce qui importe, c'est l'espérance de recevoir un corps incorruptible promis à tous ceux qui auront aimé son avènement. Souvenez-vous en, rien n'est impossible à Jésus de Nazareth, le Guérisseur par excellence. En effet, la stratégie du Maître est souvent surprenante et incroyable parce que tout simplement « *ses voies ne sont pas nos voies.* » (Ésaïe 55. 8.) En vérité, son amour est inexprimable et sa grâce est merveilleuse. Repassez le récit du roi Josaphat inséré en 2 Chroniques 20 pour découvrir la puissance de Dieu : Yahaziel, prophète de l'Éternel ordonna au roi Josaphat de rassembler les chantres et de former un grand chœur qui fera monter des hymnes, des actions de grâce et des louanges à Dieu au moment où l'ennemi se prépare à attaquer Juda.

Et pourtant, le royaume de Juda avait à l'époque une armée modernisée, mais le roi Josaphat a jugé bon d'utiliser la puissance de l'Éternel et l'ennemi fut mis en déroute. C'est pourquoi chanter et louer Dieu dans vos moments de détresse est la démarche la plus convenable et la plus intelligente. Car roi Josaphat sait bien que : « *ce n'est pas une grande armée qui sauve le roi, ce n'est pas une grande force qui délivre le héros ; Le cheval est impuissant pour assurer le salut, et toute sa vigueur ne donne pas la délivrance.* » (Psaume 33.16, 17.) N'êtes-vous pas touché par ce récit de puissance et de grâce vécu par des hommes et des femmes d'un Dieu qui n'est pas indifférent à votre maladie ? Demandez au Seigneur de vous donner une foi sereine et vivante, puis, restez calme et confiant. Que la foi qui agit par Jésus-Christ, notre Sauveur vous guérisse et vous délivre !

Jésus guérit ma mère

Il y a quelques années de cela, ma mère a eu une crise cardiaque. Les médecins ont tout essayé, cependant, ils ne pouvaient rien. Ils ont reconnu leurs limites et ma mère était restée dans le coma. Les docteurs lui donnaient 3 jours de survie. En réalité, elle resta dans ce coma pendant 3 mois. Et je commençais à m'inquiéter et à me poser des questions. Oui, des questions jaillissaient comme un fleuve au tréfonds de mon cœur et j'avais essayé de trouver des réponses en demandant à Dieu : Pourquoi ma mère ? Seigneur, pourquoi cette maladie ? Pourquoi Jésus permettait-Il que cela arrivât à ma chère maman que j'aime beaucoup ? Dieu, va-t-Il guérir maman ? À quoi me sert-il d'être chrétien ? J'avais même ordonné à Dieu de la guérir. Oui, j'avais bien dit : Seigneur, s'il te plaît, guéris ma mère, mais que ta volonté soit faite !

En ce temps-là, je n'avais même pas les pièces légales pour voyager afin d'assister aux funérailles de maman au cas où elle viendrait à mourir. J'avais tout de suite pensé aux promesses de Jésus dans les moments difficiles et j'avais commencé à prier le Seigneur avec ferveur. J'avais refusé de prendre pour acquis cette maladie. Les membres de ma famille et les amis priaient pour la guérison de ma mère. Dans sa miséricorde, Dieu entendit les ferventes requêtes et Il eut pitié de ma mère qui avait repris connaissance. Elle avait perdu l'usage de la parole, mais nous avions dit merci et gloire à Dieu pour son intervention. Dieu répond effectivement à la prière. Je dois avouer que ma satisfaction n'était pas complète parce que maman avait perdu l'usage de la parole.

Un rêve prémonitoire

J'avais continué à importuner le Seigneur qui m'avait révélé ceci en songe : je devais me rendre au chevet de ma mère pour qu'elle reprit l'usage de la parole. J'avais la certitude que Dieu lui délierait la langue à mon arrivée. J'ai crié et sauté de joie pour annoncer aux autres que maman m'attendait pour recommencer à parler. Ils en étaient éberlués. Et le lendemain, la nouvelle m'est parvenue, j'en étais ravi et j'avais reconnu l'intervention de Dieu pour lui délier la langue. Maman parlait à nouveau. Quel miracle éclatant ! J'ai pleuré de joie. Ma mère était guérie. Seulement, elle était restée une handicapée motrice ne pouvant circuler que sur le fauteuil roulant que je lui avais envoyé. Vraiment, ça a été une grande victoire. Jésus a eu pitié de ma mère, et de moi aussi.

Elle avait survécu et avait passé de six années supplémentaires à nos côtés. Ce que nous avions considéré comme une grande bénédiction. Personnellement, j'avais eu le privilège béni de la visiter en plusieurs occasions avant sa mort. En effet, ce miracle a été l'une des plus belles expériences que j'ai eues avec mon Seigneur. Ah ! oui, vraiment, j'étais ébaubi et je conserve jalousement, joyeusement et précieusement ces souvenirs heureux. Il faut comprendre que j'ai eu une des meilleures mères. Maintenant, elle n'est plus. Un peu étrange qu'elle ne soit plus. Mais je la reverrai au retour de

Jésus. Car Il aura pitié de ma mère au grand jour de la rétribution finale. Cher ami, je crois comprendre qu'Il aura pitié de votre mère ou de votre père également. Aujourd'hui, vingt quatre ans plus tard, je suis encore très reconnaissant envers Dieu pour ce privilège béni. Je suis secouru. J'avoue que je suis béni avec le meilleur. Vous traversez « la vallée de l'ombre de la mort ? » Vous vivez des moments douloureux ? Vous ne savez quoi faire pour trouver des réponses satisfaisantes à vos questions. Détournez vos regards des sables mouvants de ce monde en furie pour les poser sur le Rocher des Âges. Croyez à Sa puissance. Seul Lui a les réponses à vos questions ! Peut-être que vous vous trouvez dans une situation similaire et vous murmurez en pensant que Dieu vous a abandonné ? Oh ! non, Il est l'Éternel qui vous guérit. Soyez donc assuré de son amour Suprême. Il est fidèle et Il ne vous a pas oublié. Seulement, attendez son heure, sa promesse est vôtre. Avec Jésus, le Chef de la pierre angulaire, cher ami, quel que soit votre combat, vous connaîtrez la victoire, et vous trouverez la liberté et la délivrance. Faites-Lui confiance et demeurez en paix. Car Il ne manquera pas d'accomplir sa promesse.

Le pouvoir de Jésus sur la maladie

Voici quelques citations pertinentes d'Ellen G. White qui retiennent bien mon attention : « L'obéissance en tous points à la loi divine devrait le préserver (l'homme) de la maladie sous quelque forme que ce soit[57]. » Tout ce qui contribue à détruire l'énergie physique, mentale et spirituelle est un péché, et l'on ne peut obtenir la santé qu'en obéissant aux lois établies par Dieu pour le bien des hommes. « Le péché, avec ses désirs insatisfaits, est la cause certaine d'un grand nombre de maladies dont souffrent les hommes[58]. » Ainsi donc, seul le Médecin par excellence, nous permet de vivre et d'avancer en âge en bonne santé. Oh ! cher ami lecteur, dans ta souffrance amère, n'aie pas peur, ne pleure pas et ne crains point. Seulement, dis à Jésus toutes tes plaintes là où tu te couches. Dis Lui ta misère, ta douleur et toutes tes tristesses et crois en ses promesses d'espérances. Attends patiemment et sereinement sa réponse. Il voit tes larmes et Il connaît tes souffrances. Il peut calmer tes alarmes et tes appréhensions. Il est

---

[57] Ellen G. White, *Tempérance,* Dammarie-lès-Lys, Éditions S.D.T, 1970, p. 178.
[58] Ellen G. White, *Témoignages pour l'église,* volume 1, Dammarie-lès-Lys, Éditions S.D.T, 1972, p. 203.

ton Sauveur et Il connaît tes besoins. N'est-Il pas le Docteur divin qui t'a guéri ou qui a guéri tes proches dans le passé ? Il peut venir à ton secours, et te guérir ou même te ressusciter aujourd'hui encore comme Il l'avait fait pour le roi Ézéchias, la belle mère de Pierre, la fille de Jaïrus et tant d'autres y compris ma mère. Sans oublier Lazare, le frère de Marthe et de Marie. Péremptoirement, la Bible enseigne que *« si tu te conformes aux instructions de Dieu, Il éloignera toute maladie de toi.* » Selon l'auteur du livre de Deutéronome : *« L'Éternel te frappera par des maladies graves.* » (Voir Deutéronome 7. 15 ; 28. 59 ; Exode 23. 25.)

Peut-être que vous marchiez avec Dieu dans le passé et pour une raison ou une autre il y a une coupure. Aujourd'hui, cette coupure vous conduit là où vous êtes, dans une situation difficile, embarrassante et intolérable. Là, réside la difficulté. La seule démarche ou la seule alternative c'est de retourner à Jésus la source de vie et Il vous redonnera espoir et vie. Es-tu accablé à l'extrême, au delà de ta force ? Ressens-tu de profondes douleurs qui te rendent misérable ? Tout est sombre et le mal te domine ? As-tu des troubles hallucinatoires ? Recourir donc à Jésus, le Guérisseur. Il ne faut pas omettre aussi que souvent Dieu discipline ses enfants par des épreuves pénibles pour leur formation ou pour sa gloire ou pour d'autres raisons qui Lui sont propres. Au milieu de la souffrance, de nombreuses personnes ont appris à connaître le Dieu d'amour. Peut-être que vous pensez que Dieu n'entend pas, Il ne se soucie pas de vous et pourtant Il vous porte sur ses épaules et vous conduit au sein même de la plus grande épreuve. Ne voulez-vous pas aujourd'hui expérimenter l'amour de Dieu et sa force ? Obéissez et coopérez à l'Éternel et vous verrez la manifestation de sa puissance à l'œuvre. Saisissez donc sa main et que votre voix l'exalte constamment.

Rappelez-vous toujours quelles que soient les circonstances dans lesquelles vous vous trouvez aujourd'hui, demain et après demain, fixez vos regards sur votre Consolateur et gardez la foi. Sa promesse vous fortifiera et elle demeurera jusqu'au grand jour. Je n'ai pas la prétention ici de développer des théories sur la souffrance, d'ailleurs qui suis-je, mais je demeure convaincu que le Seigneur d'amour et de bonté ne laisserait pas ses enfants souffrir sans raison. Et au sein même de l'épreuve et de la détresse on peut, en vérité, expérimenter sa fidélité, sa bonté, sa compassion, sa miséricorde, et sa douce paix. Quel merveilleux amour ! Nous murmurons souvent parce que le chemin est sombre et nous oublions malheureusement que le Seigneur pourvoit toujours aux besoins de ses enfants car c'est de Lui seul que vient le secours. Alors, pourquoi chercher ailleurs ce qui est tout près de vous ? Cher ami lecteur… confessez vos péchés et demandez au Seigneur de soutenir votre faible foi, de sorte que vous demeuriez toujours confiant. Dans la santé comme dans la maladie, faites toujours de Jésus votre Rocher et votre Médecin, car Il soulage et guérit ! Seul dans votre chambre, gémissant sous le poids de la maladie et la vous versez des larmes amères, vous êtes découragé et vous ressentez la souffrance comme un outrage, vous n'êtes pas le seul. Le Seigneur Jésus a connu… de semblable moments. Croyez donc, à sa puissance, je vous supplie. Même si parfois Il ne guérit pas pour des raisons qui nous échappent, mais Il a toujours la solution idéale… pour nous. Rendez-Lui gloire et Il vous soutiendra. *Jésus, le Grand Guérisseur* vous aime énormément. Il est votre Grand Libérateur. Ayez foi en LUI. « *Un homme forme de nombreux projets, mais c'est le dessein de l'Éternel qui se réalise.* » (Proverbes 19. 21.) D'ailleurs, Jésus soulage guérit, et délivre toujours selon sa volonté.

Prière suggérée :

Seigneur Jésus, merci pour le pardon de mes péchés et donne-moi de m'accrocher à Toi dans la santé comme dans la maladie parce que loin de Toi, c'est la perte éternelle et près de Toi, c'est le gain éternel ! Amen.

- Je t'invite à conclure une alliance avec Jésus, le Guérisseur là où tu es, sur ton lit de douleur ou sur ton canapé ou dans ta chaise roulante et Il te guérira si telle est sa volonté ! Et s'Il ne le fait pas, le Dieu de Jésus-Christ mettra un chant joyeux dans ton cœur au sein même de la douleur, sache que « *Le Seigneur fait mourir et Il fait vivre, Il fait descendre au séjour des morts et Il en fait remonter.* » (1 Samuel 2.6.) Avec Lui, peu importe la maladie ou la souffrance. Tu souffres encore de ta maladie, viens à Jésus-Christ, Il est le Docteur par excellence. Car avec Lui la délivrance se profile déjà à l'horizon. Dans la maladie comme dans la santé, sa grâce te suffit aujourd'hui et dans le monde à venir. Jésus de Nazareth donne la santé totale et délivre du cauchemar de la maladie !

Chapitre 10

La tristesse

« L'âme triste est pareille
Au doux ciel de la nuit,
Quand l'astre qui sommeille
De la voûte vermeille
A fait tomber le bruit ;

Plus pure et plus sonore
On y voit sur ses pas
Mille étoiles éclore,
Qu'à l'éclatante aurore
On n'y soupçonnait pas !

Des îles de lumière
Plus brillante qu'ici,
Et des mondes derrière,
Et des flots de poussière
Qui sont mondes aussi !

On entend dans l'espace
Les chœurs mystérieux
Ou du ciel qui rend grâce,
Ou de l'ange qui passe,
Ou de l'homme pieux !

Et pures étincelles
De nos âmes en feu,
Les prières mortelles
Sur leurs brûlantes ailes
Nous soulèvent un peu !

Tristesse qui m'inonde,
Coule donc de mes yeux,
Coule comme cette onde
Où la terre féconde
Voit un présent des cieux !

Et n'accuse point l'heure
Qui te ramène à Dieu !
Soit qu'il naisse ou qu'il meure,
Il faut que l'homme pleure
Ou l'exil, ou l'adieu[59] ! »

La tristesse, qu'est-ce que c'est ? « État d'une personne triste ; chagrin, mélancolie. Caractère de ce qui a l'air triste ou rend triste.[60]. » La tristesse, en fait, c'est une affliction qui va jusqu'à l'accablement et enlève la joie et la gaieté. Pour le psychologue Yohan Castel : « la tristesse, état affectif pénible, calme et durable, se traduit par un envahissement de la conscience d'une douleur, une insatisfaction, ou par un malaise dont on ne démêle pas la cause[61]. » Les soucis, les difficultés de la vie, les déceptions et les souffrances, en effet, nous causent pas mal de chagrin et nous rendent tristes. « La tristesse marque une forme de caractère qui se manifeste par l'absence de gaieté et une mine sévère, mais a rapport le plus souvent à des causes précises, grands malheurs, accidents funestes qu'on ne peut oublier[62] », d'après Henri Bénac. C'est aussi un manque de besoin affectif ou d'une privation d'un objet jugé important ou préoccupé par rapport à l'avenir. Voilà qu'on est seul, on se sent triste sans savoir pourquoi. On est peiné de la perte ou de la disparition d'un être cher et la tristesse nous envahit. Ne l'a-t-on pas expérimenté, en maintes occasions, et c'est humain. Certaines fois, on se sent triste surtout quand on n'arrive pas à satisfaire des besoins qui nous sont prioritaires. Sans oublier de petites anicroches qui gâtent le bonheur et enlèvent la joie. Mon égarement me rend triste. On se sent triste quand on a commis une erreur grossière due à l'ignorance. Aussi, on se sent triste quand on est rejeté par un proche ou par un ami. Pour la psychologue Michelle Larivey : « La tristesse est une émotion simple. Elle révèle un manque de nature affective. Je suis triste de la perte d'une personne, d'un animal, d'un objet qui a une valeur affective.

---

[59] www.toutelapoesie.com/tristesse-alphonsedelamartine
[60] *Dictionnaire Hachette Illustré,* Paris, Édition 2005.
[61] www.psychobiology.com/Yohan Castel
[62] Henri Bénac, *Dictionnaire des synonymes*, Paris, Éditions Hachette, 1982.

J'éprouve de la tristesse lorsque je rate une occasion importante. Je me sens triste quand je suis privée de quelque chose qui a de la valeur à mes yeux. Ma tristesse révèle alors la présence d'un besoin affectif. La tristesse est d'autant plus intense que la perte ou le manque est subjectivement considérable. La tristesse peut être perpétuelle aussi. Elle demeurera et s'amplifiera si, par exemple, on ne cherche pas une nouvelle relation aussi nourricière lorsqu'une personne importante disparaît de ta vie[63]. » Dieu ressent aujourd'hui encore de la tristesse parce que l'homme a oublié le Christ et s'éloigne de plus en plus de sa parole. Oh ! la parole du Seigneur est piétinée, oubliée, et bafouée. L'homme oublie son Créateur. Il dédaigne toute autorité morale. Et pourtant, rien n'a diminué la portée morale de la parole de Dieu. Rempli de tristesse, le psalmiste fait monter sa prière à l'Éternel parce que ses yeux se consument dans la souffrance ; il crie et implore le secours du Dieu vivant dans le psaume 88 : « *Éternel, Dieu de mon salut ! Je crie jour et nuit devant toi. Que ma prière parvienne en ta présence ! Prête l'oreille à mes supplications ! Car mon âme est rassasiée de maux, Et ma vie s'approche du séjour des morts. Je suis mis au rang de ceux qui descendent dans la fosse, Je suis comme un homme qui n'a plus de force.* » Jésus a quitté le ciel pour toi. Il a connu la tristesse et la souffrance extrême si bien qu'à Gethsémané, le Sauveur cria : « *Mon âme est triste jusqu'à la mort.* » (Matthieu 26.38.) Évidemment, c'est la souffrance de Dieu. Et Il souffre à cause de sa merveilleuse histoire d'amour qui est incommensurable, infinie, mystérieuse et éternelle. Pour Colonelle Malan, si on a un tel Frère, tout est bien même dans la tristesse, c'est pourquoi elle chante avec allégresse même au milieu de la souffrance :

« Oui, tout est bien,
car j'ai Dieu pour mon soutien,
et sous son aile je ne crains rien,
Aucun malheur ne
peut ravir notre bonheur,
Quand on a le ciel et
Dieu Lui-même dans le cœur.
Oui, tout est bien,
Car Jésus l'a dit aux siens[64]. »

---

[63] Michelle Larivey, *La puissance des émotions*, Québec, Les Éditions de l'homme, 2002, p. 245.
[64] Colonelle Malan, *Hymnes et Louanges* nº *523*, Dammarie-lès-Lys, Éditions Vie et Santé, 1983.

Brisé par la tristesse et la douleur

En butte aux problèmes et aux soucis de la vie, affecté par la dépression, vous êtes troublé, vous êtes mélancolique et vous ne savez comment gérer votre condition. Ne retournez ni votre colère, ni votre rage destructrice contre vous-même ou quelqu'un d'autre, regardez le Grand Guérisseur et demandez-Lui de vous aider à surmonter votre dépression et de changer votre tristesse en joie. Apprenez à faire confiance à un tel Ami véritable. Il a connu la tristesse quand Il était sur la terre, Il peut secourir ceux qui sont tristes et affligés et compatir à notre serrement de cœur. Sans ambages, Paul dit aux Romains que l'Esprit de Dieu est l'auteur de toute vraie joie : « *Que le Dieu de l'espérance vous remplisse de toute joie…* » (Romains 15.13.) Jésus vous aidera à retrouver le calme, la santé et la joie. Êtes-vous désespéré, accablé par des soucis de la vie ? L'auteur de ce cantique vous invite à dire tout à Jésus :

« Es-tu lassé, rempli de tristesse ?
Dis tout à Jésus ! Son cœur est ouvert
à ta voix sans cesse. Il peut comprendre,
Il aime à t'entendre :
Il voit tes yeux rougis par les larmes :
Il connaît ton cœur, Il sait tes alarmes.
Dis tout à Jésus ! Dis-Lui simplement tout[65] ! »

Vous êtes découragé, seul, déprimé, en peine, pas d'amis pour vous écouter et vous êtes triste. Ne vous faites pas trop de souci, car vous avez quelqu'un, vous avez un Bienfaiteur. N'est-Il pas l'Ami Suprême ? Jésus est toujours disponible. Il est toujours prêt à vous écouter. Sachez aussi qu'Il est toujours disposé à vous accueillir à n'importe quel moment du jour ou de la nuit. Vous avez accès à Lui 7 jours sur 7 et 24 heures sur 24, il suffit de vous adresser à Lui par la prière. Des occasions multiples montrent que le Seigneur est disposé dans tous les cas sans exception à nous écouter de jour comme de nuit : Nicodème, docteur de la loi, l'un des chefs Juifs alla de nuit vers Jésus et ce dernier l'a accueilli sans murmures. (Jean 3.2.) Dr F. Godet ajoute : « Nicodème est la personnification du docte pharisaïsme. On le voit

[65] Armée du Salut, *Hymnes et Louanges* n° 465, Dammarie-lès-Lys, Éditions Vie et Santé, 1983.

venir, mais on ne le voit pas s'en aller. » Et Reuss renchérit : « Nicodème s'enhardit jusqu'à prendre la défense de Jésus et se faire insulter par ses collègues (Juifs)[66]. » Le matin, certains venaient, soient parce qu'ils étaient malades, possédés de démons, pour être guéris ; d'autres pour Le piéger ou Le lapider. Le soir, d'autres venaient, parce qu'ils étaient affamés, désespérés et accablés, ils allaient à Jésus et ils étaient rassasiés et raffermis. Jésus était toujours disposé à répondre à leurs questions ou à satisfaire leurs besoins. Il peut en faire de même pour vous. Jésus est présent tous les jours, ne l'a-t-Il pas promis : « *Voici, je suis avec vous tous les jours, jusqu'à la fin du monde ?* » (Matthieu 28.20.) Quelle magnifique promesse !

- Voyez-vous, Jésus est le remède efficace dans tous les cas, et, en fait, vous avez tout avec Lui !

Dieu est avec nous dans la tristesse

Aujourd'hui, vous êtes inondé par des larmes, vous êtes abattu et votre cœur est attristé. Où tourner vos regards dans votre mélancolie ? Je disais, en maintes fois, d'aller auprès de Celui qui est la source des joies de la vie. Jésus peut vous donner de la force pour combattre la tristesse, car Il est avec vous dans vos afflictions et vos douleurs. Le regretté professeur et écrivain Norbert Hugedé l'affirme si bien dans son livre « *Le Christ oublié* » : « Une chose au moins, que je veux qu'on sache et qu'on la saisisse ; c'est que Dieu n'est point contre nous dans nos souffrances. On a vite fait de voir en Lui, pendant ces durs moments d'épreuve, un tyran impitoyable qui impose aux pauvres êtres déchus et misérables que nous sommes, incapables de Lui résister, une volonté arbitraire et cruelle. C'est l'œuvre du malin de faire croire cela, et malheur à ceux qui ne surmontent pas les premiers moments de révolte. Dieu est un Père aimant, et aucun père ne prend plaisir aux tourments de ceux qu'il aime. Au moment des larmes, Il est avec ceux qui pleurent et qui souffrent. Jésus a pleuré son ami Lazare, aux côtés de Marthe et Marie[67]. »

---

[66] F. Godet, *Commentaire sur l'évangile de Saint-Jean*, Tome 1, Neuchatel, Attinger Frères Éditeurs, 1902, pp. 135, 136.

[67] Norbert Hugedé, *Le Christ oublié*, Dammarie-lès-Lys, Éditions Vie et Santé, 1998, p. 50.

La joie après la tristesse

Jésus nous offre tout, y compris son ciel et sa félicité. Alors, plus de larmes, plus de soucis, plus de tristesse, plus de deuil, tu connaîtras les charmes de l'éternité, la vraie joie. Oui, tu entreras dans l'allégresse, le repos et tu partageras son « bonheur sans nuages ». Aux délices de sa demeure sainte, Il nous invite tous, serez-vous présents ? Ne serons-nous pas tous présents pour chanter sans cesse : « Tout l'amour de Jésus ». Êtes-vous si déprimé que vous vous sentez incapable de remonter la pente ? Retenez bien que le Seigneur désire vous libérer de ce fardeau qui vous rend triste et vous donner la joie, car Jésus est votre joie. Ici, l'apôtre Jean relate, en ces termes, la parole du Maître : « *En vérité, en vérité, je vous le dis, vous pleurerez et vous vous lamenterez, et le monde se réjouira : vous serez dans la tristesse, mais votre tristesse se changera en joie. La femme, lorsqu'elle enfante, éprouve de la tristesse, parce que son heure est venue ; mais, lorsqu'elle a donné le jour à l'enfant, elle ne se souvient plus de la souffrance, à cause de la joie qu'elle a de ce qu'un homme est né dans le monde. Vous donc aussi, vous êtes maintenant dans la tristesse ; mais je vous reverrai, et votre cœur se réjouira, et nul ne vous ravira votre joie.* » (Jean 16.20-22.) Ton esprit est dans l'abattement, ton cœur est brisé, eh bien ! apporte tes chagrins et ta faiblesse à l'homme de Galilée, et Il te donnera la joie, la force et le repos. N'est-ce pas vrai que son amour calme et console le cœur ? Même si le chemin est encore sombre et ardu, ne perdez pas courage. Jésus a les ingrédients nécessaires pour maîtriser les dangers inconnus et subtils et soulager les fardeaux qui vous voilent son tendre et doux visage.

Restons accrochés au tronc

Dans la plupart des cas, nous réagissons charnellement lorsque nous nous trouvons en face des situations épineuses. Des fois nous calomnions, nous blasphémons, oubliant que Jésus est la source de toute vie. Nous avons tendance à oublier que « *Ce n'est ni par la puissance ni par la force, mais c'est par mon Esprit, dit l'Éternel des Armées* », que nous pouvons surmonter nos difficultés les plus sombres. (Zacharie 4.6.) C'est humain, et facilement compréhensible. La plupart du temps, nous oublions que c'est de Lui, notre Seigneur et Sauveur Jésus-Christ que découlent les multiples bienfaits. C'est Colonelle Malan encore qui nous invite à compter les bienfaits d'un tel Ami :

« Compte les bienfaits de Dieu,
mets-les tous devant tes yeux,
tu verras, en adorant combien
le nombre en est grand[68]. »

De même que les branches de l'arbre sont accrochées au tronc, vous aussi accrochez-vous à Jésus ! Le Créateur et Pourvoyeur de tout nous dit dans les béatitudes : « *Heureux ceux qui sont dans la tristesse, car Dieu les consolera* ! » (Matthieu 5.4.) Gardez la foi en Dieu et, cher ami lecteur, ayez toujours confiance que Jésus peut changer votre tristesse en joie. Cessez d'être la proie de l'ennemi (le diable) qui vous tourmente et qui vous rend prisonnier

Es-tu triste parce que tu souffres beaucoup et tes cellules cancéreuses te donnent des élancements fort douloureux ? As-tu une blessure cancéreuse qui provoque des élancements ? Vous êtes surmené, accablé, sans joie, sans ami, sans Dieu ? Vos membres disloqués provoquent des élancements douloureux ? Eh bien ! le Sauveur vous dit : « *Venez, mon enfant* » ; je vous propose ceci : recourir au Médecin Jésus et dites-Lui votre misère. Confessez vos péchés. Il vous pardonnera et Il vous fortifiera. Convenons que c'est Dieu qui donne la joie. Oh ! tant de joies. Si fait, c'est bien Lui qui met les joies de la vie dans notre cœur pour combattre la tristesse immense et profonde. Privé de joie, j'ai trouvé la gaieté en mon doux Jésus ; vous aussi, vous trouverez la gaieté dans le Seigneur si vous faites de Lui votre souverain Bien !

- Mon ami, regardez, votre Sauveur vous pardonne et change votre tristesse en joie. Il est super, l'Homme de Galilée ! Ah ! ça a marché. Je vous l'avais dit : avec Jésus, ça doit marcher, souriez donc et soyez heureux !

- Désormais tu as un bon ami qui est une source de joie abondante.

- Et te voilà joyeux, n'es-tu pas heureux que tout se termine bien pour toi ? Je t'avais dit que Jésus t'aime beaucoup.

---

[68] Colonelle Malan, *Hymnes & Louanges* n° 523, Dammarie-lès-Lys, Éditions Vie et Santé, 1983.

Eh ! nous voici ! Je te laisse avec la joie de ton Ami fidèle ! Ainsi donc, nous avançons en paix, avec assurance, avec confiance et avec la joie de Jésus. Notre Seigneur a connu aussi la tristesse. C'est l'évangéliste Marc qui rapporte la parole du Seigneur : « *Je suis triste à mourir* » (Marc 14.34). Dans l'effroi et l'angoisse… dans la tristesse, dis tout à Jésus. Invoque-Le donc, car « sa promesse demeure jusqu'au grand jour. »

Prière suggérée :

Seigneur Dieu ! viens à mon secours. Sombré dans le désespoir, j'ai mes larmes pour nourriture, pourquoi m'oublies-tu ? Je marche dans la tristesse chaque jour. De grâce, aie pitié de moi et sauve-moi ; Je t'en prie. Au nom de Jésus ! Amen.

- Avec Jésus, c'est la force et la confiance, même dans la tristesse. Quand ton pas est chancelant, Il donne vigueur, courage et joie à ton âme attristée et languissante. Bienheureusement sa grâce te suffit ici-bas et dans le monde à venir.

Jésus de Nazareth donne la vigueur et la joie dans le désarroi et dans la tristesse !

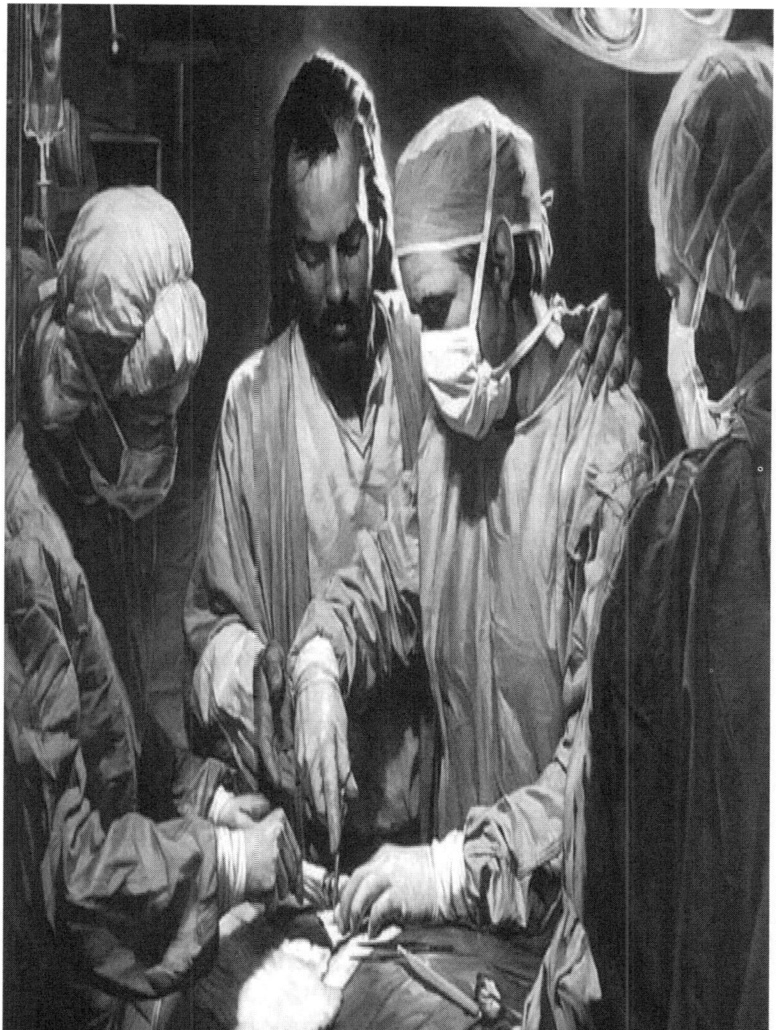

Le Grand Médecin assiste le chirurgien et guide ses mains pour les rendre plus sûres (Courtesy of Biblical Perspectives).

« *L'Éternel a déchiré, mais Il nous guérira* » (Osée 6.1).

Voilà pourquoi tu dois aller à Lui. Il est le Grand Guérisseur. Il est vivant. Il est capable de te redonner la vie selon son dessein.

Oui, sa grâce revivifiera ton âme.

Chapitre 11

La guérison

La guérison, selon Henri Bénac : « marque le fait que le malade est débarrassé de la maladie. C'est ressusciter aussi un malade qui paraissait déjà presque mort[69]. » La guérison peut être physique, morale et spirituelle. Le Seigneur Jésus nous guérit des maux physiques, moraux et spirituels, religieux et sociaux. La guérison est la délivrance de nos maladies et de nos péchés. Sensible aux besoins de l'homme, notre Rédempteur est venu ôter le fardeau du péché, de la maladie et de la souffrance, et sa mission corrobore l'œuvre de guérison divine.

Nous pouvons distinguer aujourd'hui cinq principaux types de guérison, selon Sandy Sampson, missionnaire évangéliste : « La guérison divine ; La guérison naturelle ; La guérison par la médecine ; La guérison psychologique et la guérison occulte ou démoniaque. La guérison divine est immédiate, durable et vérifiable. Toutes les guérisons divines dans la Bible ont été durables. Dans le Nouveau Testament, toutes les guérisons accomplies par la puissance de Dieu sont instantanées. Sa renommée se répandit dans toute la Syrie, et on Lui amenait tous ceux qui souffraient de maladies et de douleurs de divers genres, des démoniaques, des lunatiques, des paralytiques ; et Il les guérissait. » (Voir Matthieu 4.24.) La guérison naturelle est accordée par le Créateur à toute vie végétale, animale et humaine. Elle est lente, peut être durable, mais peut aussi ne pas l'être. La guérison naturelle est parfois difficile à vérifier. Bien que ce soit Dieu qui mérite la gloire, même dans le cas d'une guérison naturelle, on attribue le plus souvent la gloire à "l'évolution de l'homme" ou à la "nature". »

C'est encore Sandy Sampson qui écrivit : « La guérison par la médecine peut être lente ou rapide. La plupart des traitements médicaux ou médici-

[69] Henri Bénac, *Dictionnaire des synonymes*, Paris, Éditions Hachette, 1982.

naux produisent une guérison lente, à quelques exceptions près. Une injection peut instantanément supprimer la douleur, comme l'application d'un morceau de glace sur une brûlure. Mais, dans les deux cas, la guérison complète prendra plus de temps. La guérison par la médecine peut être durable, mais pas toujours. La guérison par la médecine est en général aisément vérifiable. Bien que Dieu mérite toute la gloire, la gloire d'une guérison par la médecine revient en général au médecin traitant. La guérison psychologique : beaucoup de guérisons peuvent être attribuées à des facteurs psychologiques. C'est Dieu qui mérite de recevoir toute la gloire, car c'est Lui qui a tout créé. La guérison surnaturelle démoniaque peut être immédiate ou lente. Une guérison démoniaque peut être durable, mais elle est en général temporaire. Une guérison démoniaque est en général difficile à vérifier[70]. »

En réalité le démon ne guérit jamais ; au contraire, il afflige toujours. La souffrance spirituelle, morale, mentale et physique, religieuse ou sociale, est identifiée comme le résultat du péché dont notre Sauveur nous délivre puissamment. « *Guérissez les malades, ressuscitez les morts, purifiez les lépreux, chassez les démons. Vous avez reçu gratuitement, donnez gratuitement.* » (Matthieu 10.8.) Telles étaient les paroles du Maître à ses disciples. Si Jésus a guéri Job et tant d'autres, Il vous guérira aussi. Le croyez-vous ? En fait, il n'y a aucune maladie incurable pour ce Médecin extraordinaire, seulement, confiez-vous à Lui. Dites toujours que sa volonté soit faite ! Dans sa maladie, le psalmiste admettait que son âme est troublée et ses os étaient tremblants. Il s'épuisait à force de gémir. Aussi reconnut-il que Dieu seul pouvait le guérir et le sauver, il pria ainsi : « *Aie pitié de moi, Éternel ! car je suis sans force ; Guéris-moi, Éternel ! Car mes os sont tremblants. Mon âme est toute troublée ; Et toi, Éternel ! Jusques à quand ? …Reviens, Éternel ! Délivre mon âme ; Sauve-moi, à cause de ta miséricorde. Car celui qui meurt n'a plus ton souvenir ; Qui te louera dans le séjour des morts* ? » (Psaumes 6.3-6.) Si par le fait, Dieu a guéri David, son serviteur, il peut en faire de même pour vous. Jésus, le Médecin par excellence, dans son amour, dans sa bonté, dans sa miséricorde, dans sa fidélité et dans sa compassion, offre et donne la guérison.

Aujourd'hui encore, beaucoup de gens de toutes les cultures et de toutes les origines, croyants et incroyants, font quotidiennement l'expérience du ministère de guérison de Jésus. Le docteur va vous opérer sous peu. Vous y

---

[70] www.redpsy.com/sandysampson

pensez et vous avez peur, vous pleurez. Non, ne craignez point, cessez de pleurer et n'ayez pas peur ! Référez-vous à Jésus, et dites-Lui tout, attendez silencieusement, patiemment, calmement et vous verrez sa puissance à l'œuvre. Dans certains cas, Jésus s'approchera du chirurgien et Il se penchera au-dessus de son épaule pour lui indiquer ce qu'il doit faire. Certaines fois, mystérieusement, Docteur Jésus se charge Lui-même du malade, tout dépend de l'urgence ou de la gravité de la situation. Vous êtes grisé parce que le médecin vous dit qu'il ne peut rien pour vous, et c'est la désolation. Vous ne savez pas où vous adresser pour obtenir de l'aide ? Les choses vont de mal en pis, vous êtes triste, vous pleurez amèrement. Jésus voit vos yeux rougis par les larmes. Cessez de pleurer, recherchez la présence de votre Frère aimant. Ne soyez pas inquiet de vos problèmes, je suis sûr qu'Il prendra soin de vous, et vous sortirez victorieux.

- Dans votre situation, il ne vous reste qu'une seule solution : le recours au Spécialiste. Son amour fidèle vous invite, revenez à Lui, sinon vous allez Le manquer, car avec Lui on est heureux et en sécurité ! Jésus, le Messie nous a apporté la santé et le salut. En vérité, Il est là, pour vous aider ! La guérison du roi Ézéchias témoigne la puissance de Dieu sur la maladie. La Bible rapporte : « *Le prophète Ésaïe qui était sorti, n'était pas encore arrivé dans la cour du milieu, lorsque la parole de l'Éternel lui fut adressée en ces termes : Retourne, et dis à Ezéchias, chef de mon peuple : Ainsi parle l'Éternel, le Dieu de David, ton père : J'ai entendu ta prière, j'ai vu tes larmes. Voici, je te guérirai ; le troisième jour, tu monteras à la maison de l'Éternel. J'ajouterai à tes jours quinze années. Je te délivrerai, toi et cette ville, de la main du roi d'Assyrie ; je protégerai cette ville, à cause de moi, et à cause de David, mon serviteur. Ésaïe dit : Prenez une masse de figues. On la prit, et on l'appliqua sur l'ulcère. Et Ézéchias guérit. Ezéchias avait dit à Ésaïe : À quel signe connaîtrai-je que l'Éternel me guérira, et que je monterai le troisième jour à la maison de l'Éternel ? Et le prophète Ésaïe dit : Voici, de la part de l'Éternel, le signe auquel tu connaîtras que l'Éternel accomplira la parole qu'Il a prononcée : L'ombre avancera-t-elle de dix degrés, ou reculera-t-elle de dix degrés? Et le roi Ézéchias répondit : C'est peu de chose que l'ombre avance de dix degrés ; mais plutôt qu'elle recule de dix degrés. Alors Ésaïe, le prophète, invoqua l'Éternel, qui fit reculer l'ombre de dix degrés sur les degrés d'Achaz, où elle était descendue.* » (Voir 2 Rois 20.5-11.) Et le roi Ézéchias fut guéri de sa maladie. Mais dans son orgueil il n'a pas exalté Dieu, le Grand Médecin Guérisseur comme il aurait dû le faire. Ne fut-ce pas un cas d'ingratitude du roi envers Dieu qui l'a délivré ?

Le Grand Médecin par excellence guérit par des moyens divers

Toute la foule cherchait à Le toucher, parce qu'une force sortait de Lui et les guérissait tous. (Luc 6.19.)

Dans les maux Jésus soulage et guérit par des moyens divers… à travers la prière. (Jacques 5.14.)

À travers les médecins. (2 Rois 20.7.)

À travers la foi de celui pour qui on prie et la foi des amis et des parents du malade. (Marc 2.5.)

À travers les miracles. (Luc 5.12, 13.)

La mort du Fils de Dieu nous apporte la vie, la vie pour l'éternité si nous l'acceptons comme notre Sauveur personnel. (Ésaïe 53.5.) Pourquoi Dieu ne guérit-Il pas toujours ? N'est-ce pas aussi une autre façon de mettre son amour et sa fidélité en évidence pour les siens selon ses promesses. Ah ! oui, Il vous aime bien ce Frère admirable. Il est fidèle et Il fait concourir toutes choses à votre bien. Il a le pouvoir sur la maladie. Il guérit l'esprit, l'âme et le corps. Non, ne croyez pas que la maladie qui vous ronge soit incurable. Elle ne l'est pas puisque Jésus guérit, et quand votre médecin avoue son incompétence devant la complexité de votre condition, apportez à Lui votre anxiété, vos inquiétudes, vos souffrances et vos misères, car l'Ami divin interviendra et vous redonnera la vie. Attendez sa réponse, soyez patient et vous verrez sa puissance à l'œuvre en vous. Gardez la foi et demeurez ferme dans l'alliance de Jésus. Soyez conséquent avec vous-même !

La grande miséricorde de Dieu est évident partout. Parfois, nous ne trouvons pas la guérison que nous cherchons et nous murmurons. De fait, le patriarche Job l'a si bien souligné : « *Dieu est grand, mais sa grandeur nous échappe.* » (Job 36.26.) J'ajoute, Lui qui est un Dieu d'amour et de commisération, je suis convaincu qu'Il ne laissera pas ses enfants souffrir injustement ou sans raison. Je Lui fais confiance. D'ailleurs, la Bible affirme péremptoirement : « *Toutes choses concourent au bien de ceux qui aiment Dieu.* » (Romains 8.28.) Tu dois toujours faire confiance à la sagesse divine et laisser le Seigneur décider de ta situation. Garde toujours la foi et que sa volonté soit faite. Tout au cours de ces méditations, je t'ai encouragé à maintes reprises à faire confiance à *Jésus, le Grand Guérisseur*, car Lui faire confiance est un principe spirituel vital pour ton âme. Un auteur chrétien déclare : « Si vous placez votre confiance en Dieu, vos épreuves finiront toujours par vous apparaître comme des bénédictions et votre foi en ressortira plus éclatante, plus forte et plus pure. Satan cherche constamment à pousser l'âme à douter de Dieu, c'est pourquoi nous devons éduquer notre esprit à Lui faire confiance[71]. » Oui, cher ami lecteur, « l'homme passe, Dieu reste. » Si seulement tu l'écoutais ! Combien les années de ta vie seraient nombreuses et fructueuses. Si la guérison se fait attendre, si les douleurs et les maux demeurent, lève les yeux en haut et humilie-toi devant ton Seigneur et ton Dieu. Confesse tes péchés, dis-Lui ta misère, ta souffrance et tout ce qui t'ennuie, « Oh ! dis-Lui simplement tout » et que sa volonté soit faite et non la tienne. Que tu saches aussi, lors même que la guérison ne vient pas ; là encore, ton Père t'aime à merveille. Il fait tout très bien pour ton bien-être. D'ailleurs, Il te donne le meilleur. Le Créateur te donne son cher et unique Fils Jésus pour ton salut éternel. Tu sais, agir avec confiance est essentiel. Aie foi en l'homme de Galilée car Il est fidèle.

Prière suggérée :

Merci bon et tendre Père des cieux ! Toi qui m'as guéri de mon péché, et qui a soutenu ma foi, comme un enfant je veux te plaire en faisant ta volonté. Merci de ce que tu m'aimes. Merci pour le sacrifice de Jésus. Pardonne et viens demeurer auprès de moi. Au nom de Jésus, je prie ! Amen.

- Oui, cher ami, tout est bien, Jésus fait tout pour notre bien. Il est un baume à nos blessures et à nos malaises puisqu'Il est Celui qui calme nos douleurs et nous guérit de nos maux. Viens, âme découragée, qui souffres et qui pleures et le Saint-Esprit te consolera ! Bientôt la trompette retentira, nos douleurs et nos maux cesseront. Car dans la maladie comme dans la souffrance la grâce de Jésus te suffit présentement et dans le monde à venir. Jésus de Nazareth, le Médecin Guérisseur accorde la guérison totale et définitive !

[71] Ellen G. White, *Advent Review*, septembre 1891.

C'est l'évangéliste Matthieu qui écrivit :
« *Jésus parcourait toute la Galilée, enseignant dans les synagogues, prêchant la bonne nouvelle du royaume et guérissant toute maladie et toute infirmité parmi le peuple* ! » (Matthieu 4. 23.)
Appelle *Jésus, le Grand Guérisseur*, et fais Lui entendre tes plaintes car « *Son oreille n'est pas trop dure pour entendre…* » Il te répondra selon sa miséricorde. Il donnera à nouveau de la vigueur à tes cellules cancéreuses ou à tes membres disloqués qui élancent douloureusement. Comme David « *fais de ses commandements tes délices* », et tu vivras. (Psaume 119.47.)

La joie illumine toujours le visage de tous ceux qui livrent entièrement leur vie à Jésus et qui règlent leur conduite sur la loi immuable du Créateur. (Courtesy of AUC.)

« *Vous qui pleurez, vous serez dans la joie* », dit le Seigneur Jésus.

(Luc 6.21.)

Jésus donne vie, bonheur, joie et paix et sa grâce vous suffit au quotidien et dans le monde à venir. Oh, Jésus donne tant de joies ! Faut-il reconnaître aussi que la joie de la présence de Dieu en vous peut être facilement troublée ? Oui, mais nul ne peut l'usurper si vous restez au pied du Maître continuellement.

Chapitre 12

La joie

Tout joyeux, chante les louanges de ton Père céleste ;
Ami, célèbre les exploits d'un si Grand Dieu !
Frère, tout joyeux marche à l'unisson vers la Canaan céleste,
La demeure de Jésus, ton Sauveur et ton Dieu.

Pèlerin, marche avec Jésus dans la tristesse ou dans la joie,
Avec Jésus marche dans l'amour et dans la foi !
Certes, la route est parsemée d'embûches et étroite est la voie ;
Mais le Maître t'appelle à combattre le combat de la foi.

Sur le chemin de la souffrance marche sans murmure ;
Pèlerin, en avant pour Christ et suis en tous lieux sa trace !
Au milieu des obstacles, Jésus, ton Sauveur est la route sûre ;
Il donne joie à tous ceux qui persévèrent dans sa grâce.

Imagine l'horrible souffrance de Jésus pour toi et moi,
L'amour immense d'un Dieu qui enlève souci et tristesse !
Sa bonté et sa grâce pour des pécheurs tels que toi et moi ;
Jamais ne se désengage de sa Suprême promesse.

Oh ! tant de souffrances, tant de chutes, tant de luttes vaines !
Vaut-il bien la peine de suivre Jésus sans aucune plainte ?
Tant de soucis, tant de misères, tant d'épreuves, tant de haines !
Pèlerin, peu importe, prie, lutte, et avance sans crainte.

Son amour présent dans la souffrance et dans les jours d'orage ;
Dans les jours de larme, de douleur et de découragement !
Sa paix inspire le calme aux bruits de l'orage !
Jésus, fidèle Ami, avec ses bras t'entoure jalousement.

Pèlerin, marche dans les pas de Jésus, le divin Rédempteur !
Bientôt la fatigue du chemin rocailleux, et difficile ;
Fera place à la cité pavée d'or, éclairée par la gloire de l'Éternel !
Afin de savourer la douce joie en présence de Jésus, ton Sauveur.

Marche avec Jésus dans la souffrance et dans l'humiliation !
Crois et aie donc confiance en Lui !
Endure l'injure pour l'amour du Sauveur de toutes les nations ;
Car Jésus donne paix, joie, bonheur ici-bas et dans le monde à venir.

La joie est un sentiment doux et bon. Pour Frank Reisdorf-Reece, elle est une vive impression de plaisir et la satisfaction de l'âme[72]. Henri Bénac la définit ainsi : « La joie, dans le cœur, intime, concentrée, ne se manifeste pas toujours extérieurement, mais gagne toute l'âme, lui donne chaleur et lumière, est souvent l'effet de certaines circonstances, peut être profonde, poussée jusqu'à l'ivresse, mais demeure souvent courte et passagère[73]. » Et selon le psychologue français Yohan Castel : « La joie serait une émotion primaire, agréable et intense, voire exaltante, sous-tendue par certaines structures limbiques[74]. »

La joie et le bonheur

La joie, mais nous en avons grand besoin de peur que le désespoir, la tristesse, le chagrin, la douleur ne nous brisent et ne nous laissent des cicatrices. En fait, bien des choses nous communiquent une joie intense et nous rendent heureux. Certains diront : un simple sourire, un petit mot élogieux, un petit mot de réconfort, la certitude d'avoir accompli une tâche importante, un acte de reconnaissance ou avoir une santé robuste ; d'autres diront : une poignée de main sincère de la part d'un ami ou un collègue, la joie d'avoir un enfant, la réalisation d'un rêve cher, la réussite à un examen, la joie des fiançailles, ou un emploi tant désiré, le sentiment d'être aimé et apprécié par un collègue, etc. En plus, Il nous envoie sa parole qui réconforte et qui donne de la joie. Mais où donc trouver cette joie tant recherchée dans un monde rempli de tristesse et d'évènements malheureux ?

Dieu promet-Il la joie à ses enfants ?

La joie de Jésus est une joie durable. La joie est un des aspects de l'amour, le fruit de l'Esprit de Dieu, d'après l'apôtre Paul dans sa lettre aux Églises de Galatie. (Galates 5.22.) Et le prophète Malachie disait déjà : « P*our vous qui craignez mon nom, se lèvera le soleil de la justice, Et la guérison sera sous ses ailes ; Vous sortirez, et vous sauterez de joie comme les veaux d'une étable* » (Voir Malachie 4.). De ce fait, Il nous promet et nous donne la guérison et la joie. Si vous regardez les difficultés, si vous fixez vos regards seulement sur les choses vaines et non essentielles, la tristesse vous

---

[72]Frank Reisdorf-Reece, *Encyclopédie Biblique*, La colline, CLC Éditions, 1974.
[73] Henri Bénac, *Dictionnaire des synonymes*, Paris, Éditions Hachette, 1982.
[74] www.psychobiology.com/yohacastel

assombrit le visage et quand on regarde à l'Éternel, effectivement on resplendit de joie. Servez l'Éternel avec joie et de bon cœur, en tout temps, dans la disette ou dans l'abondance. Je vous conseille de faire de l'Homme de Galilée votre meilleur Ami et vous connaîtrez sa joie. Pour le prophète Néhémie, même dans le feu de l'épreuve et de la souffrance celui qui fait la volonté de Dieu peut être joyeux : « *Ne pleurez plus, ne soyez plus dans la tristesse, la joie de Dieu sera votre force.* » (Néhémie 8.10.) Souriez et prenez la vie du bon côté. Dieu nous donne tant de joies et Il est disposé à nous rendre heureux. Si nous voulons goûter à la joie de Jésus, ne nous bornons pas seulement à écouter sa parole et ne nous lassons pas de faire sa volonté. Car si les principes de sa Parole sont appliqués, ils changeront certainement notre vie. D'ailleurs, si Dieu nous donne sa Parole ce n'est pas pour nous importuner mais bien pour notre bonheur ici-bas et dans la vie de l'au-delà. Pour connaître sa joie, le doux repos et le bonheur éternels, il nous faut le renoncement et le sacrifice du moi, car souffrir joyeusement et sans murmure pour le Rédempteur adorable est une grâce selon l'apôtre Paul. Pour cela, je vous invite à persévérer dans la joie, dans l'attente quotidienne de la venue de Jésus. J. Aeschimann nous parle dans l'une de ses compositions, de ce grand Dieu qui revêt la fleur et l'herbe aussi bien que les oiseaux qui volent libres et joyeux. Lisez l'une de ses poèsies :

« Mon Dieu, nos cœurs
souvent redisent, abattus :
Trouverons-nous la nourriture,
Et nos corps seront-ils vêtus ?
Il ne sème ni ne moissonne.
L'oiseau qui vole vers les cieux ;
Des biens que ta bonté lui donne
Il vit en paix, libre et joyeux[75]. »

L'auteur du livre des Actes des Apôtres déclare : « *Ce Dieu nous fait du bien, nous dispense du ciel les pluies et les saisons fertiles, en nous donnant la nourriture avec abondance et en remplissant nos cœurs de joie.* » (Actes des Apôtres 14.17.) Preuve que le Seigneur nous aime beaucoup et,

---

[75] J. Aeschimann, *Hymnes et Louanges* n° 313, Dammarie-lès-Lys, Éditions Vie et Santé, 1983.

en vérité, l'avoir pour Berger est une joie et un bonheur inexprimables, car sa miséricorde est notre ferme rocher.

La joie ineffable de Jésus

Jésus donne la vraie joie que rien au monde ne peut enlever. Une joie inexprimable même au milieu de la souffrance et de la douleur. Je vous invite à venir à votre Bienfaiteur et à goûter combien sa joie est douce. Ellen G. White dans *Vers Jésus,* s'exprime au sujet de la joie, en ces termes : « N'avez-vous pas vécu de précieux moments où votre cœur tressaillait de joie sous l'influence du Saint-Esprit ? Quand vous jetez un regard en arrière sur les chapitres de votre vie, n'y trouvez-vous pas des pages agréables ? Les promesses de Dieu, telles des fleurs embaumées, ne croissent-elles pas tout le long de votre sentier ? Permettez à leur beauté et à leur douceur de combler votre cœur de joie. Il n'est pas sage de rassembler tous les souvenirs pénibles de sa vie–ses chutes et ses déceptions–pour en parler à d'autres et s'en lamenter jusqu'à ce que le découragement vous envahisse. L'âme découragée est entourée de ténèbres ; elle repousse la lumière divine, et projette une ombre sur le sentier d'autrui. Remercions Dieu des tableaux riants qu'Il étale sous nos yeux. Recueillons, afin de pouvoir les contempler toujours, les précieuses assurances de son amour[76]. »

L'auteur de cet ouvrage vous invite à fixer vos yeux sur Jésus, car en Lui seul et sous son merveilleux regard, vous trouverez la vraie joie qui demeure. De même qu'il y a du soleil en abondance pour tous, sous l'œil du Maître, il y a aussi de la joie en abondance pour vous, pour moi et pour tous ceux qui en veulent. Oh ! si la tristesse vous envahit, si le désespoir vous guette, si votre âme est abattue, si vous vivez dans un souci constant, si après tant d'épreuves, tant de persécutions, tant de souffrances et tant de douleurs, votre âme est endolorie, eh bien ! reprenez donc courage et adressez-vous à votre Ami Suprême, car Il changera votre tristesse en joie. Laissez agir votre foi. (Philippiens 4.19.) Si fait, dans votre combat, il ne vous reste en réalité qu'une seule issue qui puisse être exploité, c'est *Jésus, le Grand Guérisseur*. Heureusement, Il a le médicament de confort.

---

[76] Ellen G. White, *Vers Jésus*, Idaho, Éditions Vie et Santé, 1961, p. 115.

La joie parfaite

En fait, c'est une belle et grande promesse de Jésus qui est possible en réponse à la grâce qu'Il nous offre. Cette joie dont nous parle la Bible est celle qui se maintient, qui demeure en dépit des peurs, des soucis, des doutes, des angoisses qui nous attristent quotidiennement et nous rendent malheureux. La joie de Jésus est parfaite. Les oiseaux sont, en effet, joyeux. Vous aurez aussi la joie si vous faites de Jésus vos délices. « *Fais de l'Éternel tes délices, Et Il te donnera ce que ton cœur désire.* » (Psaumes 34.5.) Dieu fait la joie de ses enfants, ne fait-Il pas celle du malade qui souffre quand tout à coup une lueur d'espoir se profile à l'horizon pour ce dernier ?

Ne fait-Il pas aussi la nôtre dans toutes les circonstances, même au sein de la douleur ? Car c'est bien Lui qui calme la douleur du malade. Vous aussi, vous connaîtriez la joie en donnant votre cœur à Dieu. Jésus est un Frère aimant qui est disposé à tout donner et tout pardonner. Parfois, vous priez et vous pensez qu'Il reste sourd à vos cris. Et pourtant, Il vous entend et vous comprend. Seulement, soumettez-Lui toutes vos inquiétudes et attendez son heure, car Il ne se désengage jamais de sa promesse Suprême.

« Abandonne ta vie,
tes craintes et tes vœux,
À la grâce infinie du
Souverain des cieux,
Lui qui trace la route
aux mondes et aux vents,
Guidera sans nul doute
les pas de ses enfants[77]. »

Il est fidèle et Il ne vous cachera pas sa douce joie. Cependant, s'il y a quelque chose qui vous empêche d'y goûter, c'est bien votre attitude à l'égard de sa parole.

---

[77] P. Gerhadt, *Hymnes et Louanges* n° 38, Dammarie-lès-Lys, Éditions Vie et Santé, 1983.

- Finalement, n'avez-vous pas réalisé que Jésus, le Dieu Guérisseur est extraordinaire ? N'avez-vous pas envie d'avoir ce Jésus pour votre meilleur Ami ? Ne voulez-vous pas goûter à la joie de Jésus ? Oh ! oui, elle est si douce, si pure et si gracieuse.

Voyons, Ah ! je vous l'avais dit ! Jésus est là, bien présent pour vous guérir. Il vous aime énormément et vous entoure de ses bras jalousement.

Prière suggérée :

Merci Seigneur pour le pardon de mes péchés, pour la joie et la paix que tu as mises dans mon cœur en dépit de mon indignité. Transforme-moi et donne-moi d'être toujours reconnaissant. Que ton Saint et Grand nom soit béni d'éternité en éternité. Au nom de Jésus, je prie ! Amen.

C'est vraiment super, Jésus de Nazareth et ce n'est pas une facétie. L'apôtre Pierre a eu raison de demander au Seigneur Jésus : « *A qui irions-nous ? Tu as les paroles de la vie éternelle.* » (Jean 6.68.) Jésus est la source de la vie et du vrai bonheur ! « En veux-tu, en voilà. » *Jésus, le Guérisseur* par excellence peut être tien aussi.

Oh, mon ami, mon JÉSUS est merveilleux. Et c'est pourquoi il est si doux de Le servir et de s'épanouir en Lui parce qu'Il donne tant de joies ! Avec Jésus, c'est la douce paix et la joie indicible que rien au monde ne peut ravir. Car Il donne vie, santé, et sa grâce te suffit au quotidien et dans le monde à venir. De Lui seul découlent la joie débordante, la guérison parfaite, le vrai bonheur, la délivrance et la victoire! D'ailleurs, dans Ésaïe 51. 11, le Seigneur a fait cette promesse : « *Une joie éternelle couronnera votre tête : l'allégresse et la joie s'approcheront, le chagrin et les gémissements s'enfuiront.* » Oui, dans ses bras, tu es en paix et en parfaite sécurité. En outre, avec Jésus, ça finit toujours bien ! Oui, cher ami lecteur, « sa grâce suprême changera tout en bien. » Le jour de délivrance que *Jésus, le Grand Guérisseur* t'a préparé arrivera bientôt !

Non, cher ami lecteur, « Dieu ne veut pas le malheur de l'homme, ni sa souffrance, ni sa mort. Il prédit cependant tout cela parce qu'Il est hors du temps et peut par là même constater qu'il en sera ainsi. Non par quelque décision arbitraire ou caprice de despote, mais parce qu'Il ne peut pas en être autrement. En d'autres termes, Dieu ne rend pas exprès le travail pénible, mais Il constate et fait connaître à l'avance qu'après sa rupture avec lui l'homme ne pourra plus vivre aussi facilement par suite de sa dégénérescence physique et de la dégradation des conditions de vie extérieures. C'est ainsi, par l'effet de lois contre lesquelles on ne peut rien, même si on ne les comprend pas », comme dit Jean Flori[78].

[78] Jean Flori, *Genèse ou l'antimyte*, Dammarie-lès-Lys, Éditions S.D.T., 1980, pp. 222, 223.

Conclusion

Après avoir fait le tour du cadran avec 12 courtes méditations, je suppose que vous avez découvert ce Grand Docteur que je voulais vous présenter. Je m'en voudrais de ne pas vous dire que Jésus se soucie beaucoup de vous, en outre, Il vous aime éperdument. Voyez-vous, Jésus montre le chemin à l'homme pécheur et perdu. Il redonne l'espoir à l'homme angoissé et désespéré. Il revigore l'homme fatigué et découragé.

Il met sa main sur le front du malade, le guérit et donne de la force à l'homme faible. Il guérit l'homme orgueilleux et jaloux. Il donne la joie et la paix à l'homme triste et peureux. Oh ! qu'Il est merveilleux ! Le terme « théodicée » convient bien à la bonté et à la justice de Jésus aux yeux des hommes et devant tout l'univers. Il est venu vers vous et pourtant, vous ne voulez pas toujours de Lui, vous ne voulez pas L'écouter. Avez-vous une excuse pour continuer à éviter le message du Dieu d'amour ? Je crois que non. Car vous avez tellement à gagner si vous aimez la compagnie de Jésus.

- À l'heure où nous sommes, où en êtes-vous dans votre relation avec Jésus ? Est-Il pour vous un Guérisseur ordinaire ou extraordinaire ? Après avoir lu ces merveilles, décidez-vous finalement de faire route avec Lui ?

- Jésus de Nazareth est super, Il peut tout faire pour vous, qu'avez-vous besoin de plus ? Qu'attendez-vous ? C'est de Lui seul, en vérité, que vient la guérison. Je m'en voudrais de ne pas vous inviter à recevoir Christ comme votre Sauveur aujourd'hui si vous ne l'avez pas fait encore.

N'avez-vous pas besoin d'un tel Sauveur ? Je vous dirais que vous avez beaucoup à gagner ici-bas et dans le monde à venir si vous faites de Jésus votre médecin. Aussi rendons gloire et grâces au Seigneur Dieu parce que ses œuvres sont grandes et étonnantes, ses jugements sont vrais et justes et ses promesses sont certaines et véritables !

- Enfin, Jésus vous dit aujourd'hui : Voyez, je suis à vous !

- Ah ! vous voilà sur le point d'être guéri !

- Puis-je terminer pour dire ? Oui, le Seigneur Jésus de Nazareth possède le baume qui apaise et l'eau qui guérit. Confiez Lui tous vos soucis et vivez. Car la vie avec Lui… c'est mieux !

- Puis-je terminer pour dire également ? « Qu'au déclin du siècle apostolique, l'apôtre Jean fut chargé de mettre la dernière main au développement de l'Église. Vieilli et n'ayant plus la force de parler beaucoup, il se contentait de dire : "*Mes petits enfants, aimez-vous les uns les autres*"[79]. » (Voir 1 Jean 4.) C'est mon souhait aussi pour vous. Vous qui êtes malade, vous qui souffrez, vous qui luttez, vous qui êtes persécuté, je vous dis : courage, car les ténèbres vont dissiper et la lumière divine fera bientôt son apparition. J'espère que tu as compris que la vie sans Jésus n'est pas du tout une vie. Ainsi, le Dieu des délivrances par Jésus-Christ, son Fils a vaincu l'ennemi (le diable) à Golgotha et laisse entrevoir une possibilité de complète guérison et une perspective de restauration éternelle !

« ***Alléluia ! Le salut, la gloire et la puissance sont à Jésus.*** »
(Apocalypse 19.1.)

[79] F. Godet, *Commentaire sur l'évangile de Saint-Jean*, Tome 1, Neuchatel, Attinger Frères Éditeurs, 1902, p. 76.

La plus grande invitation

As-tu découvert la puissance
de *Jésus, le Grand Guérisseur* au
travers de ces méditations ?
L'idée de guérison, n'allège-t-elle pas
ta douleur, et ta souffrance ?
N'es-tu pas heureux, enfin de savoir
que sans ce Grand Médecin tu ne peux rien ?
Si tu es encore chargé et fatigué,
« *Venez vers les eaux, même celui qui
n'a point d'argent ! Venez, achetez et mangez,
Venez, achetez du vin et du lait, sans argent,
sans rien payer ! Tendez l'oreille et venez à moi.
Écoutez, et votre âme vivra ; Je conclurai avec
vous une alliance éternelle* », dit le Seigneur Jésus.
(Ésaïe 55.1, 3.)

Jésus, le Grand Guérisseur vous attend…

Dans votre pays ou loin de votre pays, les choses ne tournent pas rond pour vous et vous souffrez de privations, de problèmes d'adaptation, de problèmes familiaux, de problèmes de finance, de problèmes d'emploi ou de logement.
Vous avez subi de grosses pertes. Exposé au danger de la tentation au quotidien, lassé, affaibli et découragé. Votre santé est chancelante et vous avez peur. Assoiffé de justice. Vous êtes triste et vous gémissez. Un poids lourd est sur votre cœur et vous êtes chargé. Vous ne savez quoi faire ?
Allez à *Jésus, le Grand Guérisseur*, Lui qui a déjà tracé la route, donnez-Lui votre cœur et Il vous soulagera.

«*Tout être qui vit est comme l'herbe, toute sa gloire est comme la fleur de l'herbe ; l'herbe se dessèche et la fleur tombe…* » (1 Pierre 1.24, 25.)
Mais *Jésus, le Grand Guérisseur* demeure pour toujours !

Ah ! Que je souffre, Seigneur, j'en ai marre !
« *Pourquoi dois-je marcher dans la tristesse ? Quand irai-je et paraîtrai-je devant la face de Dieu* ? » (Psaumes 42.3, 10.)
Ah ! Quel évènement heureux de rencontrer
Jésus, le Grand Guérisseur !
Oui, « … déjà, ma place est prête vers Lui pour l'éternité. »
Ah ! Quel bonheur aussi de vivre
pour toujours avec *Jésus, le Grand Guérisseur* !

*« Que votre cœur ne se trouble point.
Croyez en Dieu, et croyez en moi.
Il y a plusieurs demeures dans la maison
de mon Père : Si cela n'était pas, je vous
l'aurais dit. Je vais vous préparer une place.
Et, lorsque Je m'en serai allé, et que Je vous
aurai préparé une place, Je reviendrai, et Je vous
prendrai avec moi, afin que là où Je suis vous
y soyez aussi »*, dit le Seigneur Jésus. (Jean 14.1-3.)
Quelle magnifique promesse pour tous ceux qui
veulent suivre Jésus de Nazareth, le Grand Docteur
de tous les Âges. Oui, avec Lui tous
nos maux se dissiperont désormais !

Enfin, confiez vos soucis à
Jésus, le Grand Guérisseur et vivez.
Car la vie avec Lui… c'est mieux !

Et puis, cher ami lecteur, avec Jésus, ça finit toujours bien !

Après tout, il est naturel de vouloir
partager ses croyances avec son
prochain comme un bon dispensateur!

Achevé d'imprimer sur les

presses de *l'imprimerie Patterson* en 2007

États-Unis d'Amérique